EL LIBRO DE LOS CINCO ANILLOS

(五輪書)

PAIDÓS ORIENTALIA

Obra editada en colaboración con Editorial Planeta - Perú

Título original: *El libro de los cinco anillos*

© 2023, Miyamoto Musashi

Traducción a cargo de Editorial Planeta Perú
Diseño de portada e interiores: Departamento de Diseño de Editorial Planeta
Perú
Diagramación de interiores: B-Mad/dgto
Imagen de portada: *Miyamoto Musashi contra un yamazame en las montañas fronterizas de la provincia de Echizen*, por Utagawa Kuniyoshi (*circa* 1861).
Corrección de estilo: Elizabeht Bautista Toledano

© 2023, Editorial Planeta Perú S. A. – Lima, Perú

Derechos reservados

© 2024, Ediciones Culturales Paidós, S.A. de C.V.
Bajo el sello editorial PAIDÓS M.R.
Avenida Presidente Masarik núm. 111,
Piso 2, Polanco V Sección, Miguel Hidalgo
C.P. 11560, Ciudad de México
www.planetadelibros.com.mx
www.paidos.com.mx

Primera edición impresa en Perú: noviembre de 2023
ISBN: 978-612-4404-51-1

Primera edición impresa en México: abril de 2024
ISBN: 978-607-569-695-9

Impreso en los talleres de Impresora Tauro, S.A. de C.V.
Av. Año de Juárez 343, Col. Granjas San Antonio,
Iztapalapa, C.P. 09070, Ciudad de México
Impreso y hecho en México / *Printed in Mexico*

Índice

Prólogo

Musashi Miyamoto: samurái legendario

El primer combate de Miyamoto Musashi fue a sus trece años. En ese momento se le conocía como Miyamoto Bennosuke y era el pequeño jefe de una pandilla de niños. Su contrincante era un reconocido guerrero de la escuela Shintō, Arima Kihei, quien lo esperaba sentado para darle una reprimenda. ¿Quién sería ese jovencísimo guerrero que había osado a retarlo públicamente?

Cuando llegó la hora pactada del duelo, el pequeño Bennosuke apareció en el umbral con un palo de madera de metro y medio. Tal vez fuera la sorpresa de tal entrada lo que tomó a Kihei desprevenido, pues, en ese instante en que quedó boquiabierto, Bennosuke corrió hacia él y lo rozó con su arma. Kihei inmediatamente se puso en guardia, y el duelo, sin introducción ni formalidades, empezó. Mostrando una maestría poco antes vista en las artes marciales, y recurriendo sin titubear a la pelea cuerpo a cuerpo, Bennosuke resultó ganador de aquella contienda, en la que Kihei murió apaleado.

Esa fue la primera victoria del hombre que años después sería conocido como Miyamoto Musashi, o, como él se llamaba a sí mismo, Shinmen Musashi-no-Kami Fujiwara-no-Genshin, samurái que murió a los sesenta y un años absolutamente invicto y habiendo participado en cientos de duelos de este tipo.

Bennosuke, natural de Miyamoto, era hijo de un reconocido espadachín, Hirata Munisai, quien servía a la familia Shinmen, uno de los clanes de guerreros más importantes de la provincia de Mimasaka. Munisai, al pasar los años, empezó a utilizar «Shinmen» como patronímico, e incluso el propio Musashi llevaría el apellido Fujiwara, debido a que la cabeza de la familia Shinmen era descendiente (bastante lejano, por supuesto) de Fujiwara Kamatari, guerrero fundador del clan Fujiwara (siglo VII después de Cristo).

Musashi huyó de casa muy joven. Su padre era un hombre estricto y muy orgulloso, y le irritaba sobremanera ese hijo osado y crítico que siempre parecía tener algo que decir sobre su estilo con la espada. Armado de diferentes espadas de madera, a veces hechas de ramas de árbol y otros trozos de basura, Musashi mostraba destreza y habilidad envidiables por cualquiera. Sin embargo, fue de este padre violento que aprendió la técnica de la doble *katana*, la cual perfeccionaría a lo largo de su vida.

Vivió la mayoría de su vida sin pertenecer a un hogar ni escuela particulares. No fue sino hasta que se movió a la antigua capital, Kioto, cuando su fama de guerrero invencible se fortaleció, que empezó a tomar estudiantes y a impartir sus propias enseñanzas. Sin embargo, Musashi no se veía a sí mismo como el pilar de su escuela: era sobre todo importante para él que sus aprendices tomaran los principios que él enseñaba como suyos, «como si los hubiesen descubierto ellos mismos».

La batalla más famosa de Musashi fue contra Sasaki Kojirō, llamado «el demonio de las provincias occidentales», en la isla de Ganryū. Al momento de retar a Kojirō, Musashi ya era un samurái famoso, que había derrotado a la gran mayoría de los guerreros de Edo (antigua Tokio), y buscaba nuevos horizontes.

El encuentro se realizaría en Mukaijima. Kojirō iría en una barca especial brindada por su patrocinador, el señor Tadaoki. Pero Musashi no llegaría en la barca de su señor, Nagaoka Sado-no-Kami Okinaga, sino que había decidido llegar «por sus medios». Recuentos dicen que Musashi se levantó tarde aquel día y desayunó y se vistió con parsimonia, ante el progresivo desespero de sus patrocinadores, que temían que llegara tarde y perdiera el duelo por abandono. Al terminar de vestirse, Musashi tomó un remo y con una navaja talló una espada improvisada. Se subió a la embarcación y, poniéndose en la cara un pañuelo de algodón, se echó a dormir. En la isla, Kojirō y su gente lo esperaban, ofendidos e impacientes.

Musashi llegó casi a mediodía. Kojirō fue a encontrarlo a la orilla del mar, con la espada desenvainada, furioso. En un gesto de enfado, lanzó la vaina el agua y le hizo frente a Musashi. Él, tranquilo y con una sonrisa, dándole la espalda al sol, le dijo una frase que quedaría inmortalizada: «Has perdido, Kojirō. ¿Acaso tiraría la vaina de su espada un vencedor?».

El resto es historia. Musashi venció con una espada improvisada de madera en un duelo corto en el que mezcló psicología y táctica militar.

Sobre este libro

Como bien lo escribe en su obra cumbre, *El libro de los cinco anillos*, en japonés *Gorin no Sho*, Musashi se dedicó toda su juventud a perfeccionar su técnica y a luchar contra diferentes adversarios. Sin embargo, llegado a sus treinta años, le pareció que no había logrado nada en absoluto: sus victorias habían sido obtenidas por coincidencia, o por la debilidad de sus oponentes, o por simple razón de suerte. Por eso, empezó a perfeccionar su filosofía y a descubrir su propio «Camino de la Estrategia de Combate».

A sus sesenta años se internó en una cueva sagrada llamada Reigandō (literalmente, 'cueva del espíritu de la roca') a escribir el *Gorin no Sho,* un tratado de estrategia de combate que desentraña las sutilezas de la confrontación y la victoria presentes en toda interacción humana. Allí pasó los dos últimos años de su vida. El manuscrito lo culminó una semana antes de su muerte y lo legó a uno de sus discípulos, Terao Magonojō Katsunobu. Más tarde, esta obra sería copiada por otro de los discípulos de Musashi, quien, el quinto día del segundo mes del séptimo año de Kanbun (1667), entregó esta copia a su discípulo Yamamoto Gennosuke. Es a través de esta copia que conocemos la obra. El original, escrito de puño y letra de Musashi, nunca se ha encontrado.

Este libro se escribió pensando en ser leído por las personas a quienes Musashi enseñó personalmente la técnica de la espada. Por eso no ahonda en detalles y se dedica en la mayor parte a explicar filosóficamente sus decisiones. Como lo sostiene él mismo en su prosa, la maestría en su camino solo puede lograrse con práctica constante y el entrenamiento diario del cuerpo y la mente.

Sobre la presente edición

Esta edición se ha preparado comparativamente a partir de la edición en japonés contemporáneo de Matsui Kenji, utilizando como referencias a grandes estudiosos de la obra de Musashi, como Alexander Bennett, William Scott Wilson y Tokitsu Kenji. En las notas se encuentran datos importantes sobre el texto en japonés y apuntes sobre el contexto histórico en que se escribieron algunos pasajes.

En la prosa de Musashi prima la simpleza y el lenguaje directo, sutileza que hemos respetado en la presente traducción. Además, hemos mantenido la división original de las secciones de los pergaminos, incluyendo en cada caso su equivalente en japonés. Cada pergamino abre con una ilustración *ukiyo-e* de maestros de la pintura del siglo XIX que han representado combates legendarios del maestro Musashi.

Esperamos que esta edición cumpla con llevar a la mayor cantidad de gente las enseñanzas de quien fuera el samurái más importante del Japón del siglo XVI, consejos atemporales que, leídos con el debido detenimiento, interesarán a cualquiera que persiga su autoconocimiento.

Tendō Hina

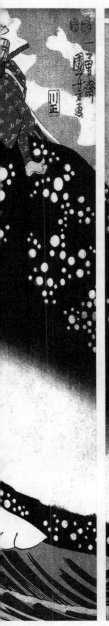

Utagawa
Kuniyoshi.
*Miyamoto
Musahi no
Kujira Taiji*
[Miyamoto
Musashi
atacando
la gran
ballena].
Circa 1847

Prefacio

Durante muchos años, he entrenado en el Camino de la Estrategia de Combate[1], al que he llamado la Escuela de los Dos Cielos como Uno (Niten Ichi-ryū[2]), y por vez primera lo pondré

---

1   Este concepto, recurrente en los cinco manuscritos, se lee 兵法の道 (*heihō no michi* o *hyōhō no michi*). De atrás hacia adelante, la palabra 道 (*michi*) es equivalente a lo que en China se conoce como el tao; es decir, la vida del guerrero, su completa dedicación al manejo de la espada y al código que sigue a lo largo de su vida. La palabra 兵法 (*hei*, 'soldado'; *hō*, 'método') puede traducirse como 'arte marcial' o 'estrategia de combate', y se refiere literalmente al método con que vive el soldado. En ese sentido, se ha traducido como el Camino de la Estrategia de Combate.

2   El nombre de la escuela de Musashi proviene de 二天一流 (*niten ichi-ryū*). Los dos primeros ideogramas, 二天, tienen varios significados:
1.   Dos cielos.
2.   Los dos cuerpos celestiales, o el dios de la luna y el dios del sol.
3.   Otro cielo o universo que se contrasta con el cielo o el universo natural de la siguiente manera: cuando alguien recibe un gran favor de una persona, esa persona se considera como un cielo o un universo.
Se ha traducido como la «Escuela de los Dos Cielos como Uno Solo», aunque también es posible traducirlo como «Dos Cielos, Una Escuela». Sin embargo, este nombre solo se utiliza en el Pergamino de la Tierra y del Viento. En el resto de los pergaminos, Musashi utiliza el término 二刀一流 (*nitō ichi-ryū*), que se traduce como la «Escuela de las Dos Espadas como Una Sola». Se cree que Musashi reescribió el Pergamino de la Tierra y el Viento, mas no logró reescribir los demás y, por ello, aparece de manera diferente a lo largo de los manuscritos. Más adelante,

por escrito. En los primeros diez días del décimo mes del vigésimo año de Kan'ei[3], he subido la montaña Iwato de Higo, en Kyūshū, para rendirle homenaje a los cielos[4], le he rezado a Kannon[5] y me he postrado ante Buda. Soy un guerrero de la provincia de Harima y me llamo Shinmen Musashi-no-Kami Fujiwara-no-Genshin[6]. Tengo sesenta años.

Desde joven, mi corazón se ha inclinado al Camino de la Estrategia de Combate. A mis trece años, luché mi primer duelo con Arima Kihei, estratega de la escuela Shintō[7]. A los dieciséis, derroté a un gran estratega de nombre Tadashima Akiyama. A

---

en Japón se conocía a Musashi con el apodo de *Niten-sama* ('gran señor Niten') por sus admiradores.

3   En Japón, la división de los años se da en «eras», que corresponden al mandato de un emperador específico. La era Kan'ei abarcó los años de 1624 a 1643, y en ella gobernaron los emperadores Go-Mizunoo, Meishō y Go-Kōmyō. Coincidentemente, Musashi terminó de escribir *El libro de los cinco anillos* el último año de la era Kan'ei.

4   Con «cielo», Musashi hace referencia a la religión Shintō. Shintō, una palabra que combina los caracteres 神 (*kami*, 'Dios') y 道 (*michi*, 'camino'), es la antigua religión de Japón. En esta religión se veneran los *kami*, espíritus sobrenaturales que existen en toda la naturaleza, y los antepasados.

5   Kannon, Kwannon o Kanzeon (観音) es una *bodhisattva* (ser que se ha embarcado en el camino de Buda) conocida en sánscrito con el nombre de Avalokiteśvara. Personifica la compasión y la misericordia.

6   En la época que vivió Musashi, era común que los samuráis adoptaran como apellido su lugar de residencia; en este caso, Shinmen o Miyamoto, un pequeño pueblo de la antigua provincia de Mimasaka. Era normal que los guerreros cambiaran de nombre según subía su estatus o posición, y al morir recibían un nombre budista. Su patronímico (*honsei*) era Fujiwara. Se cree que los Shinmen descendían de la estirpe de Sanetaka Tokudaiji. De joven, llevaba el nombre de Benosuke o Bensuke, y su nombre cortés o pseudónimo (*kemyō*) era Musashi. Su nombre real era Harunobu, cuya lectura alternativa es Genshin. El uso del Kami en su nombre se debe a una cuestión nobiliaria. Entonces, se podría traducir su nombre como noble Shinmen Musashi Genshin del clan Fujiwara. Su nombre budista póstumo es Niten Dōraku.

7   La Shintō-ryū fue una de las primeras escuelas de artes marciales fundadas en Japón. Ver más al respecto en la nota 13.

Anónimo. *Miyamoto Musashi blandiendo dos bokken*. Siglo XVIII

los veintiuno, viajé a la capital, donde conocí a espadachines de todo tipo, a quienes derroté sin fallar en ninguna ocasión.

Fui de provincia en provincia en un largo viaje en el que peleé con estrategas de diferentes escuelas y obtuve siempre la victoria a pesar de haber estado en más de sesenta duelos. Todo lo anterior lo viví entre mis trece y mis veintiocho o veintinueve años.

Cuando cumplí los treinta años, rememoré mi pasado. Concluí que las victorias anteriores no se debieron a que yo dominara la estrategia. Tal vez fuera habilidad natural, o la orden del cielo, o que la estrategia de otras escuelas era inferior. Por ello, estudié mañana y tarde buscando el principio del combate con la espada, hasta que llegué a comprender el Camino de la Estrategia de Combate cuando tenía cincuenta años. Desde entonces he vivido sin seguir ningún Camino en particular. Así, con la virtud de la estrategia practico muchas artes y habilidades; todo sin maestro.

Para escribir este libro, no he recurrido a la ley de Buda ni a las enseñanzas de Confucio, ni a viejas crónicas de guerra ni a libros de táctica marcial. Tomo mi pincel para explicar el verdadero espíritu[8] de esta escuela, tal y como se refleja en mí el Camino del Cielo y Kannon, y empiezo a escribir en la noche del décimo día del décimo mes, a la hora del Tigre[9].

---

8 El término utilizado por Musashi es 心 (kokoro, shin), que significa, al mismo tiempo, 'espíritu', 'mente' y 'corazón'. En esta traducción, hemos alternado las palabras *mente* y *espíritu* para referirnos a este concepto.

9 Aproximadamente, a las 4:00 y 4:30 de la mañana. Según la astrología china, el día se divide en doce periodos de dos horas cada uno; cada uno representado por un signo o animal del Zodiaco chino. A esto se le denomina 時辰 (shichen, 'gran hora').

Libro 1
Pergamino de la Tierra
(地の巻)

En las dinastías de guerreros, el arte del combate es el estándar pasado por los comandantes a sus tropas[10]. Todos tienen la obligación de conocerlo y practicarlo. Hoy en día no hay guerrero que comprenda en qué consiste realmente el Camino de la Estrategia de Combate.

Entre todas las disciplinas, la ley de Buda es el Camino de la salvación. El Camino de Confucio rige a quienes siguen el aprendizaje, y los médicos siguen el Camino de la sanación. Los poetas enseñan el Camino del *waka*[11], y así sucesivamente para otras disciplinas como la ceremonia del té, el tiro con arco, las normas de protocolo y otros Caminos artísticos. Cada uno

---

10   Acá no solo hace referencia a las enseñanzas que se pasan a los practicantes de una escuela de combate, sino también a los clanes de samuráis. La palabra japonesa es 武家 (*buke*). Cada uno de sus ideogramas significa 'un guerrero' y 'muchos guerreros', respectivamente. En este contexto, el término se usa para referirse a la clase de guerreros en el contexto de la educación apropiada para este grupo social. Recordemos que los samuráis eran considerados una clase noble.

11   El 和歌 (*waka*) es una forma tradicional de poesía japonesa que significa, literalmente, 'poema de Japón'. Quienes la practican se llaman 歌道者 (*kadōsha*, 'seguidores del Camino del verso').

practica estas artes como se sienta inclinado a seguirlas, y disfruta de ellas. Sin embargo, raras son las personas que sigan el Camino del combate porque lo disfruten.

El Camino del guerrero, el *bunbu-ryōdō*[12], sugiere que quien practica las artes marciales tenga predilección tanto por el arte del estudio como por el de la espada. Incluso quien no posea talento natural puede convertirse en guerrero si trabaja ambas caras del Camino.

Mucho se cree que el Camino del guerrero es una aceptación dispuesta a la muerte. No obstante, se sabe que no solo los guerreros, sino también los sacerdotes, las mujeres, los campesinos y las gentes más humildes, han muerto de buena gana por cumplir con su deber o por vergüenza. Por eso, el guerrero debe ser diferente.

El guerrero es diferente en el sentido de que el estudio del Camino de la Estrategia se basa en vencer a los hombres. Mediante la victoria obtenida al cruzar espadas con individuos, o al entablar combate con grandes números, podemos alcanzar el poder y la fama para nosotros mismos o para nuestro señor. Esta es la virtud de la estrategia y solo se consigue con mayor fortaleza en el combate.

Quien se entrene en las artes marciales debe creer desde su corazón que, de aprender el Camino de la Estrategia, podrá utilizar sus enseñanzas en la vida cotidiana. En mis enseñanzas, sostengo que el guerrero debe practicar para que su Camino le sea útil en todo momento y enseñarlo para que sea útil ante cualquier situación.

---

12 El 文武両道 (*bunbu-ryōdō*) significa literalmente 'pincel y espada en consonancia', y se refiere a estar bien formado tanto en las artes marciales como en las literarias. Durante el periodo Tokugawa, los jóvenes eran educados únicamente en la escritura de los clásicos chinos y en el ejercicio de la esgrima. Pluma y espada, de hecho, llenaban la vida de la nobleza japonesa.

Sobre el Camino de la Estrategia de Combate
(一、兵法の道と云事)

En China y Japón, a quienes practican el Camino se les llama «maestros de la estrategia». Todo guerrero debe formarse en ello. Sin embargo, en la actualidad, muchos de aquellos que se hacen llamar «estrategas» se dedican simplemente al manejo de la espada. Incluso, recientemente, los monjes de los santuarios de Kashima y Katori, provincia de Hitachi, crearon escuelas de estrategia alegando que su conocimiento había sido enviado por los dioses[13]. Han viajado por las provincias enseñando este arte, y que ha llegado a ser la idea contemporánea de «estrategia».

Desde tiempos remotos, la estrategia ha sido un arte, del tipo pragmática, reconocida entre «Los diez talentos y las siete

---

13   Se refiere al santuario de Kashima, ubicado en la prefectura de Ibaraki, dedicado a Takemikazuchi, un dios de la guerra. La escuela de esgrima llamada Kashima Shin-ryū o Kashima Shinkage-ryū fue fundada por Matsumoto Bizen-no-Kami Masabobu (1468-1524), un estudiante de Iizasa Chōisai. La familia Matsumoto había sido de sacerdotes del santuario sintoísta de Kashima durante generaciones.

Partiendo de las enseñanzas de Iizasa Chōisai, Bizen fundó su propia escuela a partir de la cual transmitía sus enseñanzas en el uso de distintas armas, llamada Hitotsu no Tachi ('la espada única'). Uno de sus mejores discípulos, Tsukahara Bokuden Takamoto (1489-1571), recibió su legado y se convirtió en un gran guerrero famoso por haber ganado más de doscientas batallas y solo haber sido herido seis veces, con flechas.

Bokuden se recluyó en el santuario de Kashima durante mil días y recibió una revelación relacionada con el arte de la espada. Luego, utilizando las enseñanzas de Matsumoto Bizen como base, fundó la Shintō-ryū, cuya técnica es una forma revitalizada del Hitotsu no Tachi. Bokuden viajó por varias regiones en tres viajes, durante los cuales conoció a adeptos de diversas escuelas y transmitió y difundió el arte de su propia escuela. A esto es probablemente a lo que hace referencia Musashi.

Como dato curioso, Arima Kihei, el primer oponente que Musashi venció en duelo, pertenecía a la escuela Shintō.

artes»[14]. Debido a su condición artística, la estrategia no debe ser limitada al trabajo con la espada ni sus principios. El valor más alto de las artes marciales no debe estar confinado solo a la técnica de la esgrima.

Veo en la sociedad actual cómo la gente convierte su arte en ganancias comerciales. Como ocurre con un lienzo o una vasija, las personas se consideran a sí mismas mercancías. Si hiciéramos una analogía, esto sería como si dividiésemos una flor de su fruto. El fruto es más pequeño, pero guarda en sí más sustancia. El guerrero que exhibe su técnica extravagantemente fuerza a la flor a abrirse, sin tomar en consideración el fruto, y vuelve su técnica en solo un ornamento. Entonces, habla sobre este o aquel *dōjō*, o sobre enseñar un Camino o el otro, buscando obtener un beneficio en combate, y en ello hace realidad aquel proverbio popular que dice: «La herida más grave la causa una técnica inmadura».

En la vida, hay cuatro Caminos que pueden recorrerse: el del guerrero, del campesino, del artesano y del mercader[15].

---

14   «Las diez habilidades y las siete artes» se escribe en japonés 十能七藝 (*jū no shichi gei*). Esto tiene diferentes significados:
      能: (1) La capacidad para lograr cosas; (2) una persona que tiene un talento o que ha logrado cosas; (3) la técnica de un arte, habilidad para la técnica; (4) eficacia; (5) teatro Noh.
      藝: (1) La técnica o el conocimiento adquirido en una ciencia o arte marcial; artes y oficios; (2) técnica de juego; (3) técnica, trabajo.
      Es posible que estas habilidades hayan sido el tiro con arco, el *kemari* (ver nota 68), la cocina, la equitación, la etiqueta, la adivinación, la cetrería, la rima tradicional, la flauta y el juego de *shōgi* o *gō*. Las «siete artes» abarcaban la caligrafía, el canto, la percusión, el baile, la lucha, el pensamiento crítico y la narración de historias. Musashi considera a la estrategia dentro de estas disciplinas.

15   Como explica Victor Harris en su introducción a su traducción de *El libro de los cincos anillos*:
      [En el Japón de la era Tokugawa,] había cuatro clases de personas: los sa-

En primer lugar, se encuentra el Camino del campesino. A través de las herramientas de su oficio, ve pasar las primaveras y los otoños mirando los cambios de estación. En segundo lugar, está el Camino del mercader. El hombre que prepara sake consigue sus ingredientes y los utiliza para obtener de ellos un beneficio económico. El Camino del comerciante es siempre pensar en las ganancias.

El tercer Camino es el del guerrero[16]. El samurái moldea sus propias armas y conoce sus virtudes y defectos a la perfección. Ignorar estas propiedades y las ventajas que la estrategia implica en su lucha significaría una gran falta de experiencia en un noble.

En último lugar, está el Camino del artesano. El carpintero se debe maestría en el uso de sus herramientas; primero, para hacer sus bocetos con exactitud y, luego, para convertirlos en obras de arte. De esa manera diligente vive su vida.

Estos son los cuatro Caminos: el del guerrero, del campesino, del artesano y del mercader. Podemos comparar el Camino del guerrero con el del carpintero tomando de base el concepto de «casa». Sea una casa aristocrática, casa militar, las Cuatro

---

muráis, los agricultores, los artesanos y los comerciantes. Los samuráis ocupaban la posición más alta, en cuanto a estima, si no en riqueza, e incluían a los señores, altos funcionarios gubernamentales, guerreros, y funcionarios menores y soldados rasos. A continuación en la jerarquía venían los agricultores, no porque fueran bien considerados, sino porque proporcionaban los cultivos de arroz esenciales. Su situación era bastante infeliz, ya que estaban obligados a entregar la mayor parte de sus cosechas a los señores y no se les permitía abandonar sus granjas. Luego venían los artesanos y los artífices, y por último los comerciantes, que, aunque eran menospreciados, eventualmente ganaron prominencia debido a la vasta riqueza que acumularon. Muy pocas personas estaban fuera de esta jerarquía rígida (p. 2).

16   La palabra utilizada por Musashi para denominar a los guerreros samuráis, 士 (*shi*), también puede traducirse como 'noble' o 'aristócrata'.

Casas, o la casa que se derrumba o que se mantiene, o la «casa» que simboliza una tradición o un estilo particular. Para construir una casa, un carpintero traza un plano, de la misma manera que un estratega planea su campaña militar.

La palabra *carpintero* se escribe con los caracteres 大 (*da*, 'gran') y 工 (*ku*, 'oficio'). Como gran oficio, relaciono el carpintero con el guerrero, pues requiere, asimismo, de una gran habilidad manual y una planificación con maestría. Quien desee aprender la ciencia de las artes marciales debe reflexionar sobre lo que escribo. Deja que el maestro sea la aguja; y el discípulo, el hilo. Practica sin descanso.

Comparando la carpintería con el Camino de la Estrategia de Combate
(一、兵法の道、大工にたとへたる事)

El comandante militar, al igual que el jefe carpintero, debe conocer las leyes del reino, las normas de cada localidad y las normas de su casa. Ese es el camino del jefe.

El jefe carpintero debe conocer de teoría arquitectónica, manejar los planos de torres, templos y palacios, y emplear a hombres que levanten los edificios como se ha planeado. En ese aspecto, el maestro carpintero obra igual que el comandante de tropas.

Por ejemplo, el jefe de carpinteros, al seleccionar la madera para la construcción de una casa, escoge aquella que exhibe una forma recta, sin imperfecciones, que carezca de nudos y presente una apariencia favorable para construir los pilares principales. La que presenta algunos nudos, que no es completamente rectā ni especialmente resistente, puede destinarse para la columna trasera. La que, aunque un tanto frágil, carece de nudos y muestra un aspecto atractivo se puede utilizar para la construcción de umbrales, dinteles y biombos. Aquella madera que posee nudos y se encuentra torcida, pero es resistente, se emplea específicamente en elementos estructurales de la casa, asegurando así su longevidad. Incluso la madera con nudos, de escasa resistencia y curvada puede reservarse para los andamios y luego ser usada como leña.

En cuanto a sus hombres, el jefe carpintero asigna el trabajo de acuerdo con sus habilidades. Colocadores de pisos, fabricantes de puertas corredizas, umbrales y dinteles, colocadores de techos y así sucesivamente. Aquellos con habilidades limitadas colocan las vigas del suelo, y los menos habilidosos tallan cuñas y realizan trabajos diversos. Si el jefe conoce y asigna bien las tareas a sus hombres, el trabajo terminado será rápido y de buena calidad.

El jefe toma en cuenta las habilidades y las limitaciones de sus hombres, conoce su moral y su espíritu, los motiva cuando es necesario y les exige razonablemente, y con prudencia, en pro del progreso eficaz y continuo de la obra. En esto, la carpintería y la estrategia son iguales.

El Camino de la Estrategia de Combate
(一、兵法の道)

El soldado es como un carpintero. Este último afila sus herramientas, las fabrica y las lleva en su caja de carpintero. Siguiendo las órdenes del maestro, realiza su trabajo de manera eficiente: sus medidas serán exactas, tanto para los trabajos más detallados como para los largos pasillos exteriores. A veces, desbasta las columnas y las vigas con su azuela, o planea los postes del *tokodana*[17] y los estantes; en ocasiones, talla aberturas en tablones

---

17   Estante ubicado al borde del suelo, también conocido como 床脇棚 (*tokowakidana*).

o esculpe la madera. Así es la ley del carpintero. Si aprende las técnicas de la carpintería en la práctica y también aprende a elaborar planos, más adelante puede convertirse en un maestro.

Un carpintero debe mantener sus herramientas bien afiladas y siempre cuidarlas. Solo un especialista en carpintería sabe cómo hacer una caja preciosa para una estatua de Buda, una estantería, una mesa, un soporte para una lámpara, hasta llegar a un bloque de corte o una tapa. Tanto un vasallo como un soldado son similares a un carpintero. Reflexiona sobre esto detenidamente.

Un carpintero siempre debe tener su mente atenta a las siguientes cosas: la madera no debe perder su forma, las juntas deben ser sólidas, sus caras deben cepillarse bien evitando siempre un exceso de alisado que cause que la madera pueda deformarse. Si estudias el Camino de la Estrategia de Combate, es necesario examinar atentamente lo que escribo aquí, hasta el más mínimo detalle.

Sobre el libro de estrategia *Los cinco anillos*
(一、此兵法の書、五巻に仕立る事)

He dividido el Camino de la Estrategia de Combate en cinco libros que muestran claramente las cualidades de cada uno de sus elementos: el Pergamino de la Tierra, del Agua, del Fuego, del Viento y del Vacío[18].

En este primer libro, el Pergamino de la Tierra, presento una visión general del Camino de la Estrategia de Combate y el punto de vista de mi escuela. Es difícil llegar al verdadero Camino

---

18 La palabra 空 (*ku*) tiene muchos significados: 'cielo (espiritual)', 'cielo (físico)', 'vacío', 'éter' y 'espacio'. En el Pergamino del Cielo, Musashi la utiliza en todo su rango de significados, haciendo hincapié en el sentido de vacío.

confiando solo en el Camino de la espada. Es apropiado comprender los detalles sobre la base de una visión amplia y alcanzar la profundidad comenzando en la superficie. Es necesario trazar un pasaje recto a través de un terreno que ha sido nivelado. Por eso, he dado el nombre de Tierra al primer pergamino.

El segundo es el Pergamino del Agua. A partir de la naturaleza del agua, podemos aprender lo esencial del estado de la mente. El agua sigue la forma de un recipiente cuadrado o redondo. Es una gota y también un océano. El color de sus profundidades es un verde puro. Tomando esta pureza como mi inspiración, presento mi escuela en el Pergamino del Agua.

Si logras comprender claramente el principio general del arte de la espada[19], cuando derrotes libremente a un hombre, podrás vencer a cualquier oponente. La mente será la misma, ya sea que se trate de derrotar a una persona, o a mil, o diez mil enemigos. La estrategia de un general consiste en aplicar a gran escala lo que ha estudiado en pequeña escala. Esto es equivalente a diseñar una gran estatua de Buda basándose en un modelo de treinta centímetros. Es difícil explicarlo en detalle, pero el principio de la estrategia se basa en la siguiente máxima: «Conocer una cosa es conocer diez mil». De esta manera describo el contenido de mi escuela en el Pergamino del Agua.

El tercero es el Pergamino del Fuego. En él escribo sobre la guerra, ya que el fuego simboliza una mente ardiente, ya sea pequeña o grande. El camino de la guerra es el mismo, se dé en una situación de uno contra uno o de diez mil contra diez mil.

---

19   La palabra 道理 (*dori*) tiene sentido de 'principio' y se distingue de los términos *michi* o *ri* que Musashi utiliza en otras ocasiones para referirse a su Camino o a los principios de su técnica.

El fuego se distorsiona, así como la mente, haciéndose a veces grande y a veces pequeño. Analízalo juiciosamente. Ver lo que es grande es fácil, mientras que ver lo que es pequeño es difícil. Dicho de otro modo, cuando se comanda un gran número de tropas, es complicado cambiar rápidamente la estrategia, mientras que una sola persona cambia rápidamente sus tácticas según su estado mental. A esto me refiero cuando digo que es difícil prever los detalles minuciosos. Examina estas palabras detenidamente.

En el Pergamino del Fuego, escribo sobre aquello que ocurre al instante. Por lo tanto, es necesario entrenar en ello y habituarse a ello todos los días para que una mente inmutable se convierta en algo común. Este es un punto esencial de la estrategia; es en relación con esta mente que escribo sobre la guerra y el combate individual en el Pergamino del Fuego.

El cuarto es el Pergamino del Viento. Lo que escribo en este pergamino no se trata de mi propia escuela, sino que se refiere a las estrategias de otras escuelas de la época. Por «viento»[20], me refiero a tradiciones antiguas, tradiciones modernas y tradiciones familiares de estrategias, es decir, en este pergamino explico las estrategias de las otras escuelas y sus técnicas.

Sin conocer a los demás, no se puede conocer verdaderamente a uno mismo. En la práctica de todos los Caminos, y en todas las formas de trabajar con las cosas, existe el peligro de desviarse del sendero verdadero. Incluso, si crees que estás en el Camino correcto y has practicado con absoluta disciplina, es posible que te desvíes si tu mente se ha apartado del verdadero

---

20 La palabra 風 (fū, kaze) tiene varios sentidos metafóricos. Puede referirse a la brisa, pero también a las «corrientes», sea en modas o en tradiciones. Con este último significado, Musashi escribe el Pergamino del Viento.

Camino. Para darte cuenta de ello debes conocer su base. Si no progresas en el Camino verdadero, hasta un ligero desliz de tu mente puede convertirse en un desvío importante. Piensa en ello con cuidado.

En otras escuelas, se cree que el Camino de la Estrategia está, sobre todo, en el manejo de la espada, y en ello tienen algo de razón. Pero lo que entiendo por el principio y las técnicas de la estrategia es bastante diferente. Escribo sobre las otras escuelas en el Pergamino del Viento para que te familiarices con su estrategia.

El quinto es el Pergamino del Vacío. Si es del vacío, ¿cómo distinguir aquello que no tiene principio ni tiene fin? Después de haber comprendido el principio del Camino, es posible alejarse de él: serás naturalmente libre en el Camino de la Estrategia de Combate y alcanzarás de manera orgánica un alto nivel de habilidad. Encontrarás naturalmente la cadencia apropiada para el momento, y el golpe aparecerá por sí solo y alcanzará su objetivo por sí solo. Todo eso está en el Camino del vacío. Escribo en el Pergamino del Vacío sobre la forma de ingresar con naturalidad en el verdadero Camino.

Sobre el nombre de esta escuela: Nitō[21]
(一、此一流、二刀と名付る事)

Todo guerrero, sea comandante o soldado raso, debe llevar dos espadas en el cinto[22]. En tiempos ya muy lejanos, estas dos espadas

---

21   Véase la nota 2 sobre los dos diferentes nombres de la escuela de Musashi.

22   Los samuráis llevaban dos espadas en el cinto, con los filos hacia arriba en el lado izquierdo. La espada más corta, o espada compañera, se llevaba en todo momento, y la espada más larga solo se llevaba al aire libre. En algunas escuelas, se

recibían los nombres de *tachi* y *katana*, y hoy se conocen como *katana* y *wakizashi*[23]. De cualquier modo o razón, en nuestras tierras, quien siga el Camino del guerrero debe portar dos espadas. Mi escuela, Nitō Ichi-ryū («Dos espadas, una escuela»)[24], expresa la ventaja de llevar dos espadas. El *yari*[25] y la *naginata*[26] son armas que deben usarse en el exterior, en el campo de batalla.

En mi escuela, el principiante aprende a portar una espada larga y una espada corta en sus dos manos. Esto es esencial. De morir en el combate, es preferible que se utilice todas las armas que se llevan encima. No hay peor vergüenza que morir con la espada aún envainada en el cinto sin haber podido hacer uso de ella.

Pero, al llevar una espada en cada mano, puede que no seas capaz de blandirlas a tu voluntad. Para ello, debes aprender a sostener la espada larga con solo una mano. Se acostumbra a llevar armas como la lanza o la *naginata* con dos manos,

---

restringía el uso de la espada o se regulaba su longitud. Por ejemplo, guerreros de ciertas clases sociales solo podían portar una espada.

23 Musashi alterna las expresiones *tachi* y *katana* (espada larga y espada corta, respectivamente) con *katana* y *wakizashi*, que vendrían a representar lo mismo. En esa época, los nombres de las espadas no estaban del todo establecidos.

24 Como se mencionó en la nota 2, la traducción de la escuela de Musashi puede ser 'la escuela de dos espadas como una sola' o 'dos espadas, una escuela'.

25 El *yari* es una lanza muy larga, de uno a seis metros de longitud, cuya punta se presenta diferente según la época en que fue forjada.

26 La *naginata* es un arma similar a la alabarda o al archa europea, que consiste en una vara larga con una hoja curva en la parte superior. Era muy usada contra la caballería y por mujeres (sobre todo por la *onna-musha* o 'mujer guerrera'), quienes las portaban para defender sus hogares en ausencia de los hombres. El arte es ampliamente estudiado por mujeres hoy en día. Existían dos tipos de naginata: la *kō-naginata* y la *ō-naginata*. La primera era un poco más corta y ligera (a pesar de ser espadas muy largas, de aproximadamente dos metros de longitud); y la segunda, más pesada. Aunque no hay muchas *naginatas* conocidas en la historia de la herrería japonesa, han sido representadas en series y juegos.

pero tanto la espada larga como la corta están hechas para ser utilizadas con una sola mano. Sostener una espada grande con las dos manos es una desventaja cuando se lucha a caballo, cuando se lucha a la carrera, cuando se lucha en terreno pantanoso, en un profundo arrozal, en terreno pedregoso, en un camino empinado, o cuando se está en medio de un combate cuerpo a cuerpo. Cuando sostienes un arco[27], una lanza o cualquier otra arma con la mano izquierda, debes sostener la espada con la mano derecha. Por eso, sostener una espada con las dos manos no es apropiado en la forma verdadera. Si no consigues matar a tu enemigo con una sola mano, basta con utilizar las dos manos en ese momento. No es una cuestión muy complicada.

En mi escuela, enseño a blandir con dos espadas. De esta manera te irás acostumbrando a manejar fácilmente la espada larga con una sola mano. Como la espada larga es pesada, al principio será dificultoso para todos manejarla con una mano. Sin embargo, lo mismo ocurre cada vez que uno se inicia en algo nuevo: para un principiante será difícil tensar un arco e incómodo manejar una *naginata*. Sea cual sea el arma, a medida que te acostumbras a ella te será más fácil usarla. Cuando tengas suficientes fuerzas, podrás tensar un arco; y cuando te hayas ejercitado a diario y hayas adquirido la fuerza necesaria para ello, lograrás la habilidad de blandir la espada.

---

27 Claramente, Musashi no habla de usar el arco solo con la mano izquierda. Lo que se está discutiendo es cómo llevar un arco para usarlo en otro momento. Es importante destacar que, en la batalla, los guerreros llevaban varias armas al mismo tiempo. Además de las dos espadas en el cinturón del lado izquierdo, algunos guerreros llevaban dos o tres armas adicionales en la espalda para poder cambiar de arma; y otros, como menciona Musashi, llevaban un arco, una lanza, una naginata, y así sucesivamente.

El Camino de la espada no es una mera cuestión de rapidez en el golpe. Lo explicaré con precisión en el segundo pergamino, el Pergamino del Agua. El principio básico en el Camino está en que, en los espacios reducidos, se debe usar una espada corta; mientras que, en los amplios y abiertos, la espada larga.

En mi escuela, uno debe vencer tanto con un arma larga como con una corta. Por eso, no fijo la longitud de la espada. La esencia de mi escuela es estar preparado para ganar sin importar el arma. La ventaja de utilizar dos espadas en lugar de una se pone de manifiesto cuando se lucha uno solo contra muchos adversarios y cuando se lucha en un lugar cerrado. No es necesario escribir más sobre esto ahora. Si conoces bien una cosa, sabrás diez mil. Si practicas el Camino de la Estrategia de Combate, nada debe escapar a tus ojos. Reflexiona bien sobre esto.

Conoce el significado de los ideogramas *hei* (兵) y *hō* (法)[28] (一、兵法二つの字の利を知る事)

Por defecto, aquellos que son hábiles en el manejo de la espada son conocidos como «estrategas». En el Camino de las artes marciales, los que dominan el tiro con arco se llaman arqueros, los expertos en el uso de cañones se denominan artilleros, los que emplean el *yari* se conocen como piqueros, y quienes manejan la *naginata* son llamados archeros. Sin embargo,

---

28 Hay que examinar esta frase: 兵法二つの字の利 (*hyōhō futatsu no ji no ri*). Literalmente, 利 (*ri*) significa 'interés', 'ventaja'. Musashi a menudo usa esta palabra sin distinguir su otro significado, que es 'razón', 'principio', 'lógica de las cosas', 'significado'. Es más probable que, en esta frase, se refiera a la segunda acepción, es decir, «conocer el 'significado' de los ideogramas *hei* y *ho*», pero también podría ser «conocer la 'ventaja' de los ideogramas *hei* y *ho*».

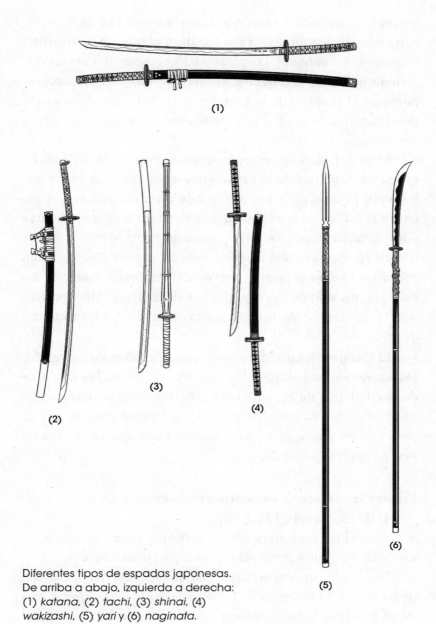

Diferentes tipos de espadas japonesas.
De arriba a abajo, izquierda a derecha:
(1) *katana*, (2) *tachi*, (3) *shinai*, (4)
wakizashi, (5) *yari* y (6) *naginata*.

quienes se especializan en el arte de la espada no se identifican como espadachines, ya sea que usen armas cortas o largas. Los arcos, los cañones, las picas y las *naginatas* son armas que forman parte del arsenal del guerrero y, por lo tanto, son inherentes al Camino de la Estrategia de Combate. Pero existe una razón por la cual el arte de la espada se relaciona con la «estrategia».

El origen de la estrategia se encuentra en la espada. Es gracias a la virtud de la espada que el mundo puede ser gobernado y que el guerrero puede disciplinarse. Aquel que encarna la virtud de la espada puede derrotar a diez oponentes sin ayuda. De manera similar, como un hombre puede vencer a diez oponentes, cien pueden superar a mil, y mil pueden prevalecer sobre diez mil. Por lo tanto, en mi escuela de estrategia, un solo hombre equivale a diez mil, lo que justifica que la estrategia abarque todas las facetas del Camino del guerrero.

El Camino del guerrero es diferente a aquel de los confucianos, de los budistas, de los maestros del té, de los maestros de la etiqueta o de los bailarines. No obstante, cualquiera que comprenda un Camino en profundidad encontrará el mismo principio en todas las cosas. Es importante que cada persona perfeccione su propio Camino.

Conoce la ventaja de cada arma en la estrategia
(一、兵法に武具の利を知ると云事)

Si conoces bien las ventajas de las distintas armas, podrás utilizar cualquier arma adecuadamente según cada situación.

La espada corta es ventajosa en un lugar cerrado y cuando te acercas a tu adversario. La espada larga se adapta a casi todas las situaciones y presenta ventajas en todas ellas. En el campo de batalla, la utilidad de la *naginata* es ligeramente inferior a la del *yari*, ya que, si se comparan ambos, el *yari* permite tomar mejor la iniciativa. Si hay dos practicantes del mismo nivel, y uno tiene un *yari*, y el otro, una *naginata*, el que tenga el primero poseerá una ligera ventaja. La eficacia del *yari* y la *naginata* depende de la situación de combate; no serán muy eficaces en un espacio reducido ni cuando se esté rodeado de enemigos en una casa. Esto es debido a que estas armas han sido creadas para el campo de batalla, indispensables en situaciones de guerra.

Puedes aprender y desarrollar las sutilezas de la técnica en un espacio cerrado, pero no serán apropiadas si olvidas el verdadero Camino. El arco es apropiado cuando se hacen avanzar o retroceder tropas en la estrategia de las batallas. Hace posible el fuego rápido en paralelo con el uso del *yari* y otras armas. Por lo tanto, es especialmente útil en los campos de batalla en terreno abierto. Pero su eficacia es insuficiente para atacar fortalezas o para combatir a enemigos que se encuentren a más de dos *ken*[29] de distancia. En la actualidad, hay muchas flores y pocos frutos[30] en el tiro con arco; esto es evidente, asimismo, para las demás artes. Si un arte no es más que eso, no puede ser útil en una situación realmente importante.

Desde el interior de una fortaleza, no hay arma más eficaz que un cañón. También, en el campo de batalla, el interés del arma es grande antes de un encuentro. Sin embargo, una vez que el encuentro ha comenzado, su eficacia disminuye. Una de las ventajas del arco es que la trayectoria de la flecha

---

29 O treinta y seis metros. Cada *ken* equivale a dieciocho metros.

30 El ideograma que utiliza, 実 (*mi*), también puede traducirse como 'sinceridad' o 'verdad'.

es visible, y la deficiencia del arma de fuego es que la bala no puede verse[31]. Conviene examinar bien este aspecto de las cosas.

En lo que respecta al caballo, este debe ser fuerte, resistente y no tener malos hábitos. En general, en cuanto a todas las armas de guerra, debes elegir caballos que sean grandes y adecuados para marchar. Las espadas, tanto las cortas como las largas, deben ser grandes y afiladas; el *yari* y la *naginata*, grandes y bien afiladas. Debes tener arcos y armas de fuego que sean poderosos y que no se deterioren fácilmente. Evita tener preferencia por un arma específica. Poner demasiado énfasis en una cosa resulta en no tener suficiente de las demás. Busca las armas que se adapten a tus cualidades personales y que puedas manejar. Es inútil imitar a otros. Tanto para un general como para un soldado tener preferencias marcadas es negativo. Debes examinar con cuidado este punto.

Sobre el ritmo en la estrategia
(一、兵法の拍子の事)

El ritmo es inherente en todas las cosas, especialmente en lo que respecta a la estrategia. No es posible dominar el ritmo sin un entrenamiento exhaustivo.

En este mundo, podemos ver que existen ritmos diferentes. Los ritmos del Camino de la danza y de los músicos con sus instrumentos de cuerda o viento son todos armoniosos y sin distorsión. En el Camino del guerrero, lanzar una flecha, disparar un arma e incluso montar a caballo tienen ritmos diferentes.

---

31   Como el honor y el logro militar son tan importantes para los samuráis, Musashi advierte a los guerreros que, de usar armas de fuego, no se podrá saber si las muertes realmente serán atribuidas a ellos. De ahí este comentario.

No debes ir en contra del ritmo en ninguna de las artes ni en ningún oficio manual. La cadencia también existe para aquello que no tiene una forma visible. En lo que respecta a la situación de un guerrero al servicio de un señor, de acuerdo con los ritmos que siga, ascenderá o caerá en la jerarquía. Hay cadencias que son armoniosas y otras que son discordantes.

En el Camino de los negocios, hay ritmos para hacer fortuna y ritmos para perderla. Cada Camino tiene diferente ritmo. Debes discernir bien los ritmos en conformidad con los cuales las cosas prosperan y aquellos en conformidad con los cuales las cosas declinan.

En la estrategia, muchos son los ritmos. Primero, es necesario conocer los ritmos concordantes y, luego, aprender los discordantes. Entre los ritmos grandes o pequeños, lentos o rápidos, es indispensable para la estrategia discernir aquellos impactantes, los ritmos de intervalo y los ritmos opuestos. Tu estrategia no puede ser segura si no logras dominar el ritmo opuesto.

En el momento del combate estratégico, debes conocer los ritmos de cada enemigo y utilizar ritmos que ellos no puedan prever. Ganarás liberando los ritmos del vacío que nacen de los de la sabiduría. En cada pergamino, escribiré sobre el ritmo. Examina estos escritos y entrena bien.

Si practicas diligentemente, desde la mañana hasta la noche, este Camino de la Estrategia de Combate que te presento, tu mente se desarrollará espontáneamente. Le transmito al mundo entero mi estrategia de combate en toda su dimensión, tanto individual como colectiva, por primera vez de forma escrita en estos cinco pergaminos: el de la Tierra, del Agua, del Fuego, del Viento y del Vacío.

Aquellos que deseen conocer mi estrategia deben aplicar las siguientes reglas en orden de seguir el Camino:

1) Piensa en aquello que es real y correcto.
2) Entrena en el Camino.
3) Toma interés en todas las artes.
4) Conoce los Caminos de todas las profesiones.
5) Distingue la verdad en todas las cosas.
6) Juzga conscientemente el valor de todas las cosas.
7) Percibe y comprende aquello que es invisible a los ojos.
8) Sé atento hasta el mínimo detalle.
9) No actúes de manera inútil.

Debes entrenar en el Camino manteniendo estos nueve principios generales en mente. Es necesario para quien quiere seguir este Camino que sepa ver con perspectiva amplia todos los detalles. Quien domine este método no será derrotado jamás, ni de encontrarse uno solo contra veinte o treinta adversarios. En primer lugar, porque desarrollarás el arte del manejo de la espada y practicarás el Camino Directo, lo que te dará una ventaja mayor en la técnica y en la manera de ver. Como resultado de tu entrenamiento, dominarás libremente tu cuerpo y vencerás a través de él; y, puesto que tu mente estará acostumbrada a este Camino, vencerás también a través de tu mente. Una vez llegado a este punto, ¿cómo podrías ser derrotado?

En cuanto a la gran estrategia, debes ser victorioso a través de la calidad de tus tropas, victorioso a través de la forma en que utilizas a un gran número de personas, victorioso comportándote correctamente tú mismo de acuerdo con el Camino, victorioso gobernando tu país, victorioso para alimentar al pueblo, victorioso aplicando la ley del mundo de la

Utagawa Kuniyoshi. *Seiran* [Vapor de montaña]. Miyamoto Musashi vence a Shirakura Dengoemon después de que tratara de hervirlo vivo. 1846

mejor manera. Por lo tanto, es necesario saber cómo no perder ante nadie en ninguna de las formas y establecer firmemente tu posición y tu honor. Ese es el Camino de la Estrategia de Combate.

Duodécimo día del quinto mes, en el año 2 de Shōhō [1645]
Shinmen Musashi Genshin
Para el honorable señor Terao Magonojō[32]

Quinto día del segundo mes, en el año 7 de Kanbun [1667]
Terao Yumeyo Katsunobu
Para el honorable señor Yamamoto Gensuke[33]

---

32 Terao Magonojō, también llamado Terao Nobuyuki, es el pupilo de Musashi, a quien le ha dedicado el libro, exactamente una semana antes de morir. En la única copia original del manuscrito que se conserva hasta la fecha, se hace mención del reenvío a Yumeyo Katsunobu en 1667.

33 Los cinco pergaminos que componen esta obra están fechados de la misma manera.

Libro 2
Pergamino del Agua
(水の巻)

La esencia de la Niten Ichi-ryū está en el agua; por tal razón, el siguiente Pergamino del Agua explica de forma pragmática el uso de la espada larga según mis enseñanzas. Es difícil a través de la palabra escrita explicar con tanto detalle como me gustaría, pero, donde el lenguaje sea insuficiente, podrás entender de manera intuitiva los conceptos. Estudia este libro, lee cada palabra y reflexiona sobre ellas. Una lectura superficial puede conllevar el riesgo de desviarte del Camino.

Explico los siguientes principios de estrategia en términos del combate individual; sin embargo, es menester que lo comprendas como si hablara de una batalla contra decenas de miles de hombres. Lo que diferencia la estrategia de otras artes es que el más mínimo error en el juicio puede generar graves consecuencias o causar que caigas en malos hábitos.

Si te conformas con leer lo que escribo aquí sin reflexionar sobre ello, te resultará imposible alcanzar un alto nivel en el Camino de la Estrategia. Lee este texto pensando que está escrito para ti; no pienses que solo estás leyendo o aprendiendo cosas escritas. En lugar de imitar o memorizar lo que escribo, haz este texto tuyo, hasta que sientas que cada principio ha surgido de tu propio espíritu y lo que has estudiado con esmero haya sido absorbido por tu cuerpo.

Estado espiritual en la estrategia
(一、兵法心持の事)

En el Camino de la Estrategia, tu estado espiritual[34] no debería ser diferente a tu estado espiritual ordinario. En la vida cotidiana, así como en la estrategia, es necesario que tu mente se halle en calma. Enfrenta cualquier situación con el espíritu destensado sin ser temerario, centrado sin ser parcializado. Es necesario que tu mente esté centrada, pero que pueda moverse libremente para que no se paralice incluso en momentos de cambio. Lee esto con detenimiento.

Aunque tu espíritu esté en calma, no dejes que tu cuerpo se relaje; y aunque tu cuerpo esté relajado, no dejes que tu espíritu se distraiga. No permitas que tu espíritu influya en tu cuerpo o que tu cuerpo influya sobre tu espíritu. La mente debe estar alerta cuando el cuerpo permanece desprotegido. La mente no debe estar ausente ni tampoco excesivamente presente. Tanto un espíritu elevado como uno cabizbajo es un signo de debilidad. Cuando la superficie de tu mente es débil, su profundidad debe ser fuerte para que el oponente no pueda percibir tu estado mental. Aquellos hombres que sean pequeños deben conocer bien a aquellos que son grandes[35], y viceversa. Tanto los grandes como los pequeños deben tener una mente erguida y no sobreestimarse a sí mismos.

---

34 En cuanto a 心持 (*kokoromochi*, literalmente 'llevar el corazón'), puede significar tanto 'estado espiritual' como 'actitud' o 'disposición hacia las cosas'.

35 Con «pequeños» y «grandes», se refiere tanto en talla como en número de personas; es decir, a ejércitos chicos contra otros más numerosos.

Mira las cosas desde un punto de vista elevado, con el espíritu abierto y despejado, y la sabiduría encontrará su lugar dentro de esta amplitud. Lo importante es pulir la sabiduría y la mente minuciosamente. Al aumentar tu sabiduría, comprenderás lo que es justo e injusto en la sociedad, y también el bien y el mal de este mundo; entonces llegarás a conocer todo tipo de artes y recorrerás diferentes Caminos. De esta manera, nadie en este mundo podrá engañarte. Después de esta etapa, llegarás a la sabiduría de la estrategia. La sabiduría de la estrategia es completamente distinta. Incluso, en medio de una batalla donde todo está en movimiento rápido, es necesario alcanzar el principio más profundo de la estrategia, que te asegura una mente inquebrantable. Debes examinar esto detenidamente.

La postura en la estrategia
(一、兵法の身なりの事)
En cuanto a la postura, es apropiado mantener el rostro ni demasiado bajo ni demasiado alto, ni inclinado ni fruncido; mantener los ojos serenos, la frente sin arrugas, pero con pliegues entre las cejas; no mover los globos oculares y no parpadear, aunque manteniendo los párpados ligeramente bajos. De esta manera formarás un rostro hermoso y luminoso, manteniendo la nariz recta y la mandíbula inferior ligeramente sobresaliente.

Mantén el cuello recto, aplicando algo de fuerza en la parte hueca de la nuca; baja los hombros, con la sensación de que el torso desde los hombros hacia abajo forma una unidad; mantén la espalda recta, no saques los glúteos, dirige tu fuerza hacia abajo desde las rodillas hasta las puntas de los dedos de tus pies. Adelanta ligeramente el abdomen para que la pelvis no pierda su estabilidad. Presiona la vaina de la espada corta (*wa-kizashi*) firmemente contra el abdomen para que tu cinturón no se afloje, como se dice, «apretada en la esquina».

En resumen, es necesario que tu postura para la estrategia sea simplemente la postura ordinaria, y es esencial que la postura de la estrategia sea la postura ordinaria para ti. Examina esto con cuidado.

La mirada en la estrategia
(一、兵法の目付と云事)

Tu mirada debe ser amplia y generosa. Esta es la mirada dual: «percepción y vista»[36]. Mirar y ver son dos cosas diferentes. Mira con fuerza; ve con suavidad. Es necesario mirar lo que está lejos como si estuviera cerca, y lo que está cerca como si estuviera lejos. Esto es necesario para la estrategia, como también lo es conocer la espada del adversario sin mirarla nunca. Debes ejercitarte bien en esto. Ya sea una cuestión de estrategia a nivel individual o a gran escala, el modo de mirar es el mismo.

Es esencial mirar a ambos lados sin mover los ojos. Sin embargo, sin preparación, no podrás lograr este modo de mirar en el momento del combate. Por eso, es mejor que estudies bien lo que escribo aquí; debes acostumbrarte a mirar todo el tiempo de esta manera para poder mantener este modo de mirar en cualquier situación. Examina esto detenidamente.

---

36 Musashi utiliza los dos términos: 観 (*kan*, 'percepción') y 見 (*ken*, 'vista'). Para el primero, utilizamos «mirar» y, para el segundo, «ver». *Kan* se refiere a ese mirar profundo que ilumina la esencia de las cosas, y *ken* se refiere a ese mirar que permite percibir la superficie de las cosas. También puede traducirse como una «mirada de cerca» y una «mirada de lejos».

Cómo sujetar la espada
(一、太刀の持やうの事)

Debes agarrar la espada sosteniendo el pulgar y el índice como si flotaran. Tu dedo medio no debe estar ni apretado ni flojo, y el anular y el meñique deben estar muy apretados. Es malo tener un espacio vacío en tu empuñadura.

Sujeta la espada con la intención de cortar a tu adversario. Cuando mueves hacia abajo la espada para cortar a tu oponente, la postura de la mano debe permanecer igual, y tus manos no deben tensarse. Cuando repelas la espada de tu enemigo, la recibas, la golpees o ejerzas presión sobre ella, puedes mover ligeramente el pulgar y el índice. En todos estos casos, debes agarrar la espada con la intención de cortar. Ya sea que estés entrenando para cortar un objeto o en medio del combate, la forma de sostener la espada sigue siendo la misma. Siempre se sostiene con la intención de cortar a tu oponente.

No es bueno permitir que la mano o la espada se queden fijas o congeladas. Una mano fija es una mano muerta; una mano que no se queda fija está viva. Es necesario dominar esto bien.

El movimiento de los pies
(一、足づかいの事)

Para moverte de un lugar a otro, levanta ligeramente los dedos de los pies y empuja el pie desde el talón con fuerza. Según la situación, mueve tus pies con un paso grande o pequeño, lento o rápido, pero siempre de la misma manera que los usas para caminar. Hay tres formas de moverse que es necesario evitar: saltar, moverse con un paso flotante y pisar fuerte.

En el Camino, es importante usar el movimiento alternante de los dos pies conocido como *yin yang*[37]: pie positivo y pie negativo. Esto significa que no debes mover solo un pie. Cuando cortes, retrocedas o bloquees un golpe, siempre debes mover los pies derecho e izquierdo alternativamente. Nunca debes mover solo un pie. Reflexiónalo atentamente.

Las cinco posiciones
(一、五方の構の事)

En el manejo de la espada, existen cinco posiciones principales (*gamae*): la posición superior (*jōdan*), la posición intermedia (*chūdan*), la posición inferior (*gedan*), la posición del lado izquierdo (*hidari-waki*) y la posición del lado derecho (*migi-waki*). A pesar de que estas cinco posturas son diferentes, todas comparten el mismo objetivo: derrotar al enemigo. No hay otras posturas más allá de estas cinco.

Cuando elijas una de estas posturas, no es necesario que te preocupes demasiado por su nombre o características específicas. En cambio, concéntrate en la tarea principal: cortar al enemigo. La elección entre una postura más amplia o más estrecha dependerá de la situación particular en la que te encuentres. Las posiciones superior, inferior e intermedia son fundamentales y versátiles; mientras que las del lado izquierdo y del lado derecho son más avanzadas y se utilizan en situaciones específicas, como cuando hay obstáculos en los flancos o por encima de la cabeza.

---

37   Musashi utiliza la expresión japonesa 陰陽の足 (*inyō no ashi*). En *inyō*, o *yin yang* en chino, representa la dualidad femenino-masculino, lo oscuro-lo claro, lo derecho-lo izquierdo. Musashi aboga por este tipo de caminar con una «mente nivelada», que alterna paso a paso.

La posición intermedia es fundamental en el arte de la espada, pues encapsula la esencia de todas las posturas. Si observas la estrategia en su conjunto, te darás cuenta de que la posición intermedia es la base del general y las otras cuatro posturas siguen sus órdenes y se adaptan a las circunstancias. Comprende y aprecia esta idea.

La trayectoria de la espada[38]
(一、太刀の道と云事)

Si llevas siempre contigo tu espada, podrás manejarla con libertad; incluso con solo dos dedos si conoces bien su trayectoria. Esto es lo que llamo el Camino de la espada. Si te obsesionas con blandirla rápidamente, la trayectoria de tu espada se verá alterada y te causará dificultades. Es suficiente mover la espada de manera adecuada y tranquila. Si intentas mover rápidamente la espada como un abanico o un cuchillo pequeño, tendrás dificultades porque te estarás apartando de su trayectoria natural.

No puedes cortar a un hombre agitando tu espada como si cortaras algo con un cuchillo. Si golpeas hacia abajo desde arriba, levanta la espada siguiendo la misma dirección y verás que refleja naturalmente la reacción de la fuerza. Lo mismo ocurrirá con el golpe horizontal. En todos los casos, debes mover la espada con gestos amplios y poderosos, extendiendo los brazos. Esa es la trayectoria de la espada.

Si dominas las cinco fórmulas de la técnica de mi escuela, golpearás bien, porque la trayectoria de tu espada estará bien estabilizada. Es necesario entrenar en esto con diligencia.

---

38 Hemos traducido la palabra 道 (*michi*) como 'trayectoria', pues se trata del recorrido de la espada cuando es blandida. Sin embargo, también tiene el significado de «Camino», en el sentido que Musashi le da al término («modo de vida»).

Las cinco formas exteriores[39]
(一、五つのおもての次第の事)

1. La primera forma es la intermedia. Confronta al enemigo con la punta de tu espada dirigida a su rostro. Cuando él ataque, desvía su espada hacia la derecha y «monta» tu espada sobre ella. O, cuando el enemigo ataque, desvía la punta de su espada golpeando hacia abajo, mantén tu espada en su lugar y, si el enemigo renueva el ataque, corta sus brazos desde abajo. Este es el primer método.
    Los cinco enfoques son de este tipo. Domínalos entrenando repetidamente con la espada larga. Cuando lo logres, podrás controlar cualquier ataque que el enemigo realice. Te aseguro que no hay actitudes distintas de las cinco actitudes de la espada larga que enseño en la escuela Nitō.

2. La segunda forma implica cortar al enemigo desde una posición superior justo cuando emprenda el ataque. Si el enemigo evade el corte, mantén tu espada en su lugar y, levantándola desde abajo, córtalo cuando renueve el ataque. Puedes repetirlo nuevamente si contraataca. Con este método, puede haber cambios dependiendo del ritmo y el espíritu. Podrás comprender esto entrenando en mi escuela. Siempre ganarás con los cinco métodos de la espada larga. Debes entrenar repetidamente.

3. En la tercera forma, adopta la postura inferior, anticipando el movimiento ascendente. Cuando el enemigo ataque, golpea sus manos desde abajo. Al hacerlo, él podría intentar desviar tu espada hacia abajo. Si este es el caso, corta sus brazos superiores horizontalmente trazando

---

39 Con «formas», nos referimos a posiciones o posturas de cómo tomar las dos espadas.

una trayectoria transversal. Desde una postura inferior, es esencial que golpees al adversario en el instante en que ataca. Encontrarás este método a menudo, tanto en el nivel principiante como en estrategias posteriores. Entrena sosteniendo dos espadas a la vez.

4. En esta cuarta forma, adopta la postura del lado izquierdo. Cuando el enemigo ataque, golpea sus manos desde abajo. Si, al hacer esto, él intenta desviar tu espada, paraliza la trayectoria de su espada larga y alarga el golpe hasta llegar arriba de tu hombro. Este es el Camino de la espada larga. A través de este método, ganas parando la línea de ataque del oponente. Practica bien esta forma.

5. En la quinta forma, la espada se utiliza horizontalmente en la postura del lado derecho. De acuerdo con el ataque del enemigo, cruza tu espada larga desde abajo hacia el lado de la postura superior. Luego, corta directamente desde arriba. Este método es esencial para conocer bien el Camino de la espada larga. Si puedes usar este método, podrás manejar libremente una espada larga pesada.

二本目・上段

Primera forma

一本目・中段

Segunda forma

五本目・右脇

Tercera forma

四本目・左脇

Cuarta forma

三本目・下段

Quinta forma

Anónimo. Las cinco formas de Miyamoto Musashi como se muestra en el parque homónimo de la ciudad de Kumamoto. Siglo XX

No puedo describir en detalle cómo usar estas cinco formas. Debes familiarizarte con mi Camino «en armonía con la espada larga», aprender el ritmo a gran escala, comprender la espada larga del enemigo y acostumbrarte a las cinco formas desde el principio. Siempre ganarás usando estos cinco métodos, tomando en cuenta las diversas consideraciones de ritmo y discerniendo el espíritu del enemigo. Reflexiona todo esto cuidadosamente.

La enseñanza de la «postura sin postura»[40]
(一、有構無構のおしへの事)

A lo que llamo una «postura sin postura» es a tomar la espada sin pensar en adoptar una postura específica. Aun así, las cinco posturas que he mencionado pueden convertirse en posiciones defensivas. Encontrarás que tomas posiciones diversas según las oportunidades de ataque proporcionadas por tu oponente, y según el lugar y la situación de combate; no obstante, sin importar cuál sea la situación, siempre debes sostener la espada de manera que te permita cortar bien a tu oponente.

Desde la posición alta, puedes adoptar una posición intermedia si tu espíritu decae; y luego, si se vuelve ventajoso elevarla un poco, tu guardia volverá a ser alta. De la misma manera, si en respuesta a la ocasión levantas ligeramente tu espada desde la posición baja, adoptarás la postura de nivel intermedio. Si sostienes la espada a la posición derecha o a la izquierda y, en respuesta a una situación específica, la mueves hacia adentro, pasarás a la postura de nivel medio o bajo. En este sentido, recomiendo la «postura sin postura».

---

40   Literalmente, «la posición defensiva sin defensa» o 有構無構 (ukō mukō).

Sea cual sea la situación, sostén la espada de modo que puedas cortar a tu oponente. Siempre que desvíes la espada del enemigo, la golpees, saltes contra ella, la choques o la toques, lo importante es cortar al oponente en el mismo movimiento. Si solo piensas en bloquear, chocar, golpear o tocar al enemigo, no podrás cortarlo realmente. Más que cualquier otra cosa, debes pensar en que ese movimiento debe cortarlo. Investiga esto a fondo.

La actitud en la estrategia a una escala más grande se llama «formación de batalla». Tales actitudes son todas para ganar batallas. Dejar que una formación se fije es malo. Estúdialo bien.

El ritmo del golpe en un paso
(一、敵を打に一拍子の打の事)
Explico, a continuación, lo que denomino «el ritmo del golpe en un solo paso»: estás cerca de tu oponente, a una distancia en la que apenas pueden alcanzarse mutuamente, y golpeas rápida y directamente sin mover tu cuerpo, sin permitir que tu deseo de atacar se aferre a algún lugar, aprovechando un momento en el que él no espera la acción. Lo golpeas con un solo golpe justo en el instante en que ni siquiera está pensando en retroceder su espada o moverla fuera de la posición de defensa ni en atacar. Después de haber aprendido bien esto, debes entrenar en golpear rápidamente en el ritmo de un intervalo.

El ritmo del paso en dos fases
(一、二のこしの拍子の事)
Aquí está la cadencia de paso en dos fases: si estás a punto de atacar y tu oponente se retira o hace una pausa, finge atacarlo y luego golpéalo realmente en el momento en que se relaja. Ese es el ritmo del paso en dos fases. Es difícil dominar este golpe solo

leyendo este texto, pero lo entenderás de inmediato cuando te lo enseñen directamente.

El ataque «sin idea y sin forma»[41]
(一、無念無相の打と云事)

En este método, cuando el enemigo ataca y decides también atacar, golpea con tu cuerpo, golpea con tu espíritu y golpea desde el vacío con tus manos, acelerando con fuerza. Este es el corte «sin idea y sin forma». Es el método más importante de golpear. Se utiliza con frecuencia. Debes entrenar intensamente para entenderlo.

El ataque del «agua que fluye»
(一、流水の打と云事)

Este es el golpe del «agua que fluye»: estás luchando en una batalla igual con tu oponente y ambos buscan una oportunidad de ataque. En esta situación, cuando tu adversario intenta apresuradamente retroceder, o desenvainar su espada, o empujar la tuya hacia atrás, expandes tu cuerpo y tu mente. Golpeas amplia y poderosamente primero con tu cuerpo y, luego, con tu espada, a partir de un movimiento que aparentemente es bastante lento, como el agua que fluye y parece estancarse. Al dominar esta técnica, ganarás facilidad y confianza. Es indispensable aquí discernir el nivel de tu oponente.

---

41 El concepto budista 無念無相 (*munen musō*, literalmente 'sin idea y sin forma') se refiere a la capacidad de actuar con calma y naturalidad incluso en situaciones de peligro. Es la más alta armonía con la existencia, cuando las palabras y las acciones de una persona son espontáneamente coherentes entre ellas.

El ataque que abre una oportunidad
(一、縁のあたりと云事)
Cuando lanzas un ataque y tu adversario intenta parar bloqueando o golpeando tu espada, entrégate completamente a la acción ofensiva, e intenta cortar lo que sea que encuentres en tu camino, ya sea la cabeza, los brazos o las piernas [de tu oponente]. Golpea de esta manera, siguiendo la única trayectoria de la espada; este es el ataque que abre una oportunidad. Si aprendes bien este enfoque, encontrarás una aplicación para él en todo momento. Debes discernir minuciosamente los detalles durante los combates de entrenamiento.

El ataque «chispa de piedra»
(一、石火のあたりと云事)
En una situación en la que tu espada y la de tu oponente están a punto de cruzarse, aplica una fuerza poderosa a tu espada sin levantarla en absoluto. Este es el ataque «chispa de piedra». Para ejecutar esta técnica, debes golpear rápidamente con las tres fuerzas combinadas de tus piernas, tu cuerpo y tus manos. Este golpe es difícil de ejecutar si no practicas frecuentemente. Con entrenamiento diligente, podrás aumentar la fuerza de su impacto.

El ataque de las hojas carmesíes
(一、紅葉の打と云事)
Haz que la espada de tu adversario caiga al golpearla y prepárate de inmediato para atacar. Eso es lo que yo llamo «el ataque de las hojas carmesíes». Cuando el oponente asuma una posición defensiva frente a ti, en el momento en que está pensando en avanzar, atacar o parar, golpea su espada, ya sea con el ataque «sin idea ni forma» o con el ataque «chispa de piedra». Golpea

con vigor; y si extiendes la fuerza de tu golpe[42] de manera que la punta de tu espada esté dirigida hacia el suelo, la espada de tu oponente definitivamente caerá. Con entrenamiento asiduo, harás caer la espada de tu oponente con facilidad. Debes entrenar bien.

El cuerpo sustituye la espada
(一、太刀にかわる身と云事)

También se podría decir que «la espada sustituye al cuerpo». Normalmente, al hacer un corte al enemigo, los movimientos del cuerpo y la espada no son simultáneos. Aprovechando las oportunidades creadas por los golpes de tu oponente, primero coloca tu cuerpo en posición ofensiva, y tu espada atacará sin tener en cuenta tu cuerpo. También puede suceder que golpees solo con la espada sin mover tu cuerpo; no obstante, lo normal es primero colocar el cuerpo en posición de ataque y, luego, la espada lo sigue con un golpe. A medida que aprendas los ataques, debes examinar esto detenidamente.

El golpe y el impacto
(一、打とあたると云事)

Un golpe y un impacto son dos cosas diferentes. Golpear es atacar consciente y deliberadamente, sin importar la forma en que se haga. El impacto es como un encuentro fortuito. Incluso, si es lo suficientemente fuerte como para que tu oponente muera

---

42 Sobre el verbo *extender*, Musashi utiliza el verbo ねばる (*nebaru*), cuyo significado usual es 'pegar' o 'adherir'. Musashi hace uso reiterado de esta expresión dándole un significado de 'perdurar' o 'persistir'. En esta frase, «extender el movimiento», implica hacer perdurar la fuerza de este como si se tratara de pegamento, y hacerlo flexible para que sea más resistente e impacte con mayor fuerza.

de inmediato, seguirá siendo un impacto. Al contrario, un golpe se lleva a cabo con conciencia. Esto debe ser examinado. Un impacto podría llegar al brazo o la pierna del adversario, pero este impacto debe ser seguido por un golpe potente. Un impacto significa tener la sensación de tocar [por casualidad]. A medida que aprendas esto, la diferencia se volverá evidente. Trabaja en esto diligentemente.

El «cuerpo del mono de otoño»
（一、しうこうの身と云事）

El «cuerpo del mono de otoño»[43] expresa una postura de combate en la que no se usan las manos. Al aproximarte a tu oponente, no pienses en usar tus manos. Piensa en acercar rápidamente tu cuerpo antes de golpear a tu oponente. Al mantener tu mente preocupada en tus brazos, tu torso inevitablemente se retrasará. Por ello, mueve todo tu cuerpo hacia adelante rápidamente, con las manos hacia adentro. Una vez que llegues a una distancia de un brazo, será fácil acercarte e intercambiar golpes de espada. Lee esto con cuidado.

El «cuerpo de laca y pegamento»[44]
（一、しっかうの入身と云事）

Para aplicar el «cuerpo de laca y pegamento», avanza y acércate a tu oponente tanto que queden cuerpo con cuerpo. Pégate a él por completo, con la cabeza, el cuerpo y los pies. En general, los

---

43   La frase «cuerpo del mono de otoño» tiene dos interpretaciones: (1) en otoño, los monos se reúnen para darse calor mutuamente y se agrupan, manteniendo sus manos apretadas contra sus cuerpos, de ahí el nombre de la técnica; y (2) el «mono de brazos cortos», una especie de mono china.

44   Musashi utiliza la palabra 漆膠 (*shikkau*), compuesta literalmente por los ideogramas de *laca* y *pegamento*.

luchadores tienden a poner la cabeza y los pies hacia adelante, pero el cuerpo a menudo se queda atrás. Debes intentar pegar tu cuerpo contra el de tu adversario sin dejar ningún lugar donde sus cuerpos no estén tocándose. Examina esto detenidamente.

Competir en estatura
(一、たけくらべと云事)

En cualquier circunstancia de batalla, acércate a tu oponente dominando el espacio con fuerza y evita encogerte. Como si buscaras competir con él en altura, estira las extremidades, la pelvis y también el cuello. Coloca tu rostro frente al de tu adversario y agranda tu presencia, estirándote para alcanzar mayor altura. Avanza con decisión y trabaja en esto detenidamente.

Hacer que los movimientos se adhieran[45]
(一、ねばりをかくると云事)

Cuando tú y tu oponente se ataquen simultáneamente, pega tu espada a la suya y acércate a él manteniendo ambas espadas unidas. Así, se producirá la sensación de que las espadas son difíciles de separar y te permitirá acercarte sin mucho esfuerzo. Pegar tu espada a la de tu oponente y mantenerlas adheridas te permitirá aproximarte a él con completa confianza. Pero ten en cuenta que hay una diferencia entre pegarse y enredarse. Pegarse es poderoso; enredarse es débil. Estas dos cosas deben distinguirse.

---

45 Nuevamente, Musashi hace uso del verbo *nebaru*; sin embargo, esta vez emplea su significado lateral de 'pegarse' o 'adherirse'. Para entender a qué hace referencia, se puede imaginar dos espadas tan cerca una de otra que parezcan magnetizadas.

El ataque corporal
(一、身のあたりと云事)

Ataca al enemigo a partir de una brecha en su guardia, chocando con todo tu cuerpo contra él. Vuelve la cara un poco hacia un lado después de haber golpeado el pecho de tu oponente con el hombro izquierdo. Luego, acércate con el espíritu de hacer rebotar al enemigo, golpeando lo más fuerte posible al compás de tu respiración. Si logras este método de acercarte al oponente, podrás derribarlo a tres o cuatro metros de distancia. Es posible golpear al enemigo hasta matarlo. Entrénate bien.

Tres maneras de parar un ataque
(一、三つのうけの事)

Hay tres formas de parar un ataque: primero, empujando la espada larga de tu oponente hacia tu derecha, como si le clavaras la espada en los ojos, cuando te ataca. O bien, parando con la espada larga hacia el ojo derecho de tu adversario, con la sensación de cortarle el cuello. Tercero, cuando el enemigo ataque, no tengas reparos de parar su espada larga; en cambio, acércate a él rápidamente y clava tu mano izquierda en su cara.

Estos son los tres métodos de parada. Debes tener en cuenta que siempre puedes cerrar la mano izquierda y golpear la cara de tu adversario con el puño. Para ello, es necesario entrenarse bien.

Apuñalar en la cara
(一、おもてをさすと云事)

Cuando te enfrentes al enemigo, tu espíritu debe tener la intención de apuñalarle en la cara, siguiendo la línea de las hojas con la punta de la espada larga. Si tu mente piensa únicamente en apuñalarle en la cara, la cara y el cuerpo de tu oponente se verán presionados y entonces encontrarás oportunidades para ganar.

Concéntrate en ello. Tendrás una victoria rápida si logras que tu enemigo se sienta presionado. No olvides la importancia de esta técnica y persigue su valor a través del entrenamiento.

Apuntar al corazón
(一、心をさすと云事)

Apuntar al corazón consiste en buscar atacar el pecho cuando haya obstrucciones arriba, a los lados o en otra posición que haga difícil cortar. Para hacer fallar el ataque del enemigo, dirige la parte montante de tu espada directamente hacia su cuerpo, haciéndolo retroceder un poco, sin que pierdas tu centro y puedas hundir la punta de la espada en su pecho. El espíritu de este principio a menudo es útil cuando nos cansamos o por alguna razón nuestra espada no corta bien. Debes entender la aplicación de este método.

El grito[46]
(一、かつとつと云事)

Los gritos *katsu* y *totsu* se utilizan para desestabilizar al enemigo cuando este intente contraatacar mientras se le está atacando. Cuando esto ocurra, surge con tu espada desde abajo como si lo apuñalaras, tratando de mantenerlo a raya. Rápidamente, empuja hacia arriba, gritando «¡*katsu*!», y corta con un «¡*totsu*!». Con este ritmo, intercambia los gritos, sincronizando el corte al mismo tiempo que levantas tu espada larga como si fueras a apuñalar al enemigo. Debes aprender esto a través de la práctica repetitiva.

---

46   Musashi utiliza el término onomatopéyico かつとつ (*katsu-totsu*), que representa el sonido que hace el movimiento de «cortar» (*katsu*) y «apuñalar» (*totsu*).

La parada con golpe[47]
(一、はりうけと云事)

Cuando el combate haya llegado a un punto muerto y te encuentres chocando espadas con tu enemigo con un ritmo metálico[48], puedes valerte de la parada con golpe. Detén el ataque con un golpe lateral y contraataca inmediatamente. Esto no consiste en parar o golpear con fuerza, sino en golpear la espada larga del enemigo de acuerdo con su corte de ataque, con la intención principal de cortarlo rápidamente. Si entiendes el ritmo del golpeo, incluso si sus espadas largas chocan con fuerza, la punta de tu espada no retrocederá ni un poco. Debes investigar lo suficiente para darte cuenta de esto.

Postura contra muchos enemigos
(一、多敵のくらいの事)

La postura contra muchos enemigos se aplica cuando uno solo lucha contra muchos adversarios. Extiende horizontalmente tanto la espada larga como la corta, apuntando cada una a la izquierda y la derecha, respectivamente. El espíritu de esta postura es perseguir a los enemigos de un lado a otro, incluso si vienen desde las cuatro direcciones, como si fueran un solo enemigo.

Observa su orden de ataque y ve primero a los que atacan primero. Barre con tus ojos examinando cuidadosamente el orden de

---

47   Puede también leerse como «parada con la parte plana de la espada». El verbo はり (hari) se utiliza con la idea de «pegar» y de «golpear con un movimiento horizontal». Es un tipo de parada que implica golpear con un lado de la espada y dejarlo pegado a la del oponente.

48   Para demostrar este ritmo metálico, Musashi usa la expresión onomatopéyica トッ、たん、トッ、たん (to-tan-to-tan). Expresa el sonido que hacen las espadas al chocar repetitivamente entre ellas, con ataques y bloqueos, cuando la situación de combate ha quedado estancada.

los ataques y alterna ataques a la izquierda y a la derecha con tus espadas. Esperar es malo. Siempre vuelve rápidamente a tu posición hacia ambos lados, corta a tus adversarios mientras avanzan, aplastándolos en la dirección desde la que atacan. Sea lo que sea que hagas, debes agrupar a tus oponentes como si estuvieras atando una línea de peces; y, cuando se vean apilados, córtalos fuertemente sin darles espacio para moverse.

No les des la oportunidad de retirarse ni confíes en el contraataque, porque así cederás la iniciativa a los enemigos y no lograrás avanzar. Si observas el ritmo del adversario e identificas sus puntos débiles, la victoria será tuya. Entrena con tus compañeros y practica los movimientos para obligarlos a retroceder. Dominar esta técnica te permitirá derrotar con facilidad a diez o veinte enemigos al mismo tiempo.

La ventaja del combate
(一、打あいの利の事)
Puedes saber cómo ganar a través de la estrategia con la espada larga, pero no se puede explicar claramente por escrito. Eso lo debes entender por medio de la práctica. Recuerda la tradición oral: «El verdadero Camino de la Estrategia se revela en la espada larga»[49].

Un solo golpe
(一、一つの打と云事)
Gana con certeza a través de un solo golpe. Esta técnica no se comprenderá sin una sólida formación en estrategia. Si te entrenas

---

49   Las escuelas de estrategia también manejaban tradiciones orales más que enseñanzas por escrito, lo que demuestra el peso que le daban a la comunicación directa con el aprendiz.

bien en este Camino, la estrategia vendrá de tu corazón y podrás ganar a voluntad. Debes entrenar con diligencia.

La comunicación directa
(一、直通のくらひと云事)

El verdadero Camino de la escuela Nitō Ichi se recibe y transmite a través de la comunicación directa. Recuerda la tradición oral: «Enseña a tu cuerpo la estrategia».

En este pergamino, he resumido las técnicas de lucha con la espada de mi escuela.

Para saber cómo ganar con la espada larga en la estrategia, primero aprende los cinco enfoques y las cinco posturas, y absorbe la trayectoria de la espada larga de manera natural en tu cuerpo. Debes entender el espíritu y el ritmo, manejar la espada larga de forma natural y mover el cuerpo y las piernas en armonía con tu espíritu. Ya sea venciendo a un hombre o a dos, entonces conocerás los valores en la estrategia. Estudia el contenido de este libro, tomando un elemento a la vez, y, a través de la lucha con enemigos, gradualmente llegarás a conocer el principio del Camino.

Deliberadamente, con un espíritu paciente, absorbe la virtud de todo esto, levantando de vez en cuando tu arma en combate. Mantén este espíritu cada vez que cruces espadas con un enemigo.

Paso a paso, recorre el camino de mil millas.

Estudia la estrategia a lo largo de los años y alcanza el espíritu del guerrero. Hoy ganarás sobre tu yo del ayer; mañana vencerás a hombres más hábiles. Entrena de acuerdo con este libro, sin permitir que tu corazón se desvíe por un camino secundario. Incluso, si matas a un enemigo, si no se basa en lo que has aprendido, no es el verdadero Camino. Si alcanzas este Camino de la victoria, entonces podrás vencer a varios hombres. Lo que queda es la habilidad de la esgrima, que puedes adquirir en batallas y duelos.

Mil días de entrenamiento para desarrollarte y diez mil días de entrenamiento para pulirte. Sé consciente de ello.

Duodécimo día del quinto mes, en el año 2 de Shōhō [1645]
Shinmen Musashi Genshin
Para el honorable señor Terao Magonojō

Quinto día del segundo mes, en el año 7 de Kanbun [1667]
Terao Yumeyo Katsunobu
Para el honorable señor Yamamoto Gensuke

Utagawa Kuniyoshi. Grabado en madera. Siglo XIX

Libro 3
Pergamino del Fuego
(火の巻)

En este Pergamino del Fuego, escribo sobre la estrategia y el manejo de las armas, ya que es a través de la imagen del fuego que concibo la estrategia en la Nitō Ichi-ryū.

En este mundo, las personas suelen tener una concepción limitada de la estrategia. A menudo, se piensa en la estrategia de manera estrecha. Algunos, al usar solamente las puntas de sus dedos, solo conocen la ventaja trivial de usar tres de los cinco *sun* de su muñeca[50]. Buscan la victoria en el combate blandiendo los antebrazos como si se tratara de un abanico. Otros se especializan en la pequeña ventaja de la velocidad, mediante el desarrollo de técnicas de brazos y piernas con una *shinai*[51], y atribuyen gran importancia a cualquier aumento en la velocidad, por mínimo que sea.

---

50   El 寸 (*sun*) es una medida de longitud que equivale aproximadamente a 3,03 centímetros.

51   La 竹刀 (*shinai*) es una espada de bambú, usada comúnmente en los entrenamientos.

Siguiendo mi estrategia, he participado en combates donde muchas veces he arriesgado mi vida. He aprendido el Camino de la espada discerniendo el principio que permite situarse entre la vida y la muerte. También he aprendido a reconocer la fortaleza y la debilidad de la espada del adversario, y he comprendido el significado del filo y el dorso de la espada. En el entrenamiento para asestarle un golpe mortal a tu adversario, ni siquiera puedes pensar en técnicas pequeñas y débiles. Especialmente, si buscas ventaja en un combate donde se usa armadura completa[52], no puedes basarte en técnicas pequeñas.

La esencia de mi estrategia es que conozcas con certeza el principio que permite vencer aunque te encuentres solo ante cinco o diez oponentes cuando tu vida está en peligro. Entonces, ¿en qué se diferencia «ganar uno contra diez» y «ganar mil contra diez mil»? Eso debe ser examinado detenidamente. Sin embargo, en el entrenamiento diario de la estrategia es imposible juntar a mil o diez mil personas. Por lo tanto, es en la disputa individual donde podrás estudiar las tácticas de cada uno de tus oponentes para ser consciente de sus fortalezas y debilidades. De esta manera entenderás cómo vencer a cualquier persona, gracias a la sabiduría de la estrategia, y te convertirás en un practicante consumado de este Camino.

Piensa «¿quién más en el mundo sino yo logrará seguir el Camino directo?» y «seguramente lo lograré un día». Entrena desde la mañana hasta la noche. Cuando hayas terminado de pulir las técnicas, sentirás una liberación espontánea y adquirirás

---

52 Musashi utiliza la palabra 六具 (*roku gu*, literalmente 'seis piezas'), que hace referencia a un conjunto de armadura que consta de coraza, guanteletes, mangas, delantal y piezas para los muslos, o, según otra convención, armadura corporal, casco, máscara, piezas para los muslos, guanteletes y piezas para las piernas.

excelencia en las habilidades y, de esta manera, podrás acceder a un poder milagroso. Esta es la esencia vital de la práctica del método del arte de la guerra.

Respecto al lugar del combate
(一、場の次第と云事)

En cuanto a la evaluación del lugar, una primera enseñanza es situarte con la espalda hacia el sol; adopta una posición defensiva con el sol detrás de ti. Dependiendo de la situación, si no es posible situarte con la espalda hacia el sol, debes colocarte con el sol a tu derecha[53]. Lo mismo ocurre con la luz cuando estás luchando en un lugar cerrado. Colócate con la luz detrás de ti y, si no es posible, a tu derecha. Es preferible colocarte sin tener la espalda pegada a la pared, dejando algo de espacio en el lado izquierdo y sin dejar espacio en el lado derecho.

Por la noche, si tus oponentes son visibles, también debes situarte con la espalda hacia la luz o con la luz a tu derecha, manteniendo en mente tu posición defensiva como en las situaciones anteriores.

Deberías tratar de situarte en terreno elevado, aunque sea ligeramente; esto es lo que se llama «mirar a tus oponentes desde arriba». Si te encuentras en una casa, considera la parte trasera como el lugar elevado[54].

En el transcurso del combate, acorrala a tus oponentes hacia tu lado izquierdo y hazlos retroceder de tal manera que se

---

53   La idea de estar a contraluz es dificultar al enemigo la visión de la espada larga.

54   Se refiere al 上座 (*kamiza*, literalmente 'asiento del espíritu'), un espacio ligeramente elevado en una pared, a veces con un pergamino colgante, armadura u otra propiedad religiosa, que se ubicaba en las habitaciones de las casas tradicionales japonesas. Hoy en día puede verse en los *dōjōs*.

les haga difícil manejar la espada; esto es de suma importancia. Oblígalos a retroceder sin darles tregua, para que no tengan la oportunidad de girar la cabeza y reconocer que se hallan en una posición difícil. Cuando luches en una casa, haz que retrocedan de la misma manera sin permitirles que giren la cabeza para que no puedan reconocer que se acercan al umbral, el dintel, la puerta corrediza, el pórtico o un pilar. En todos los casos, debes forzarlos en la dirección donde el terreno sea irregular y haya obstáculos. Teniendo en cuenta claramente las ventajas y las desventajas del lugar, debes tratar de ganar primero a través de tu conocimiento del sitio. Debes examinar todo esto detenidamente y entrenar.

Tres formas de tomar la iniciativa
(一、三つの先と云事)

Existen tres formas de tomar la iniciativa (*sen*) en el combate. La primera consiste en atacar antes que tu oponente (*ken-no-sen*). La segunda es tomar la iniciativa cuando tu enemigo ataca primero (*tai-no-sen*). La tercera consiste en tomar la iniciativa cuando los dos estén a punto de atacarse mutuamente (*tai-tai-no-sen*). Estas son las tres formas de tomar la iniciativa.

En cualquier forma de combate, aparte de estas tres, no existe ninguna otra forma de tomar la iniciativa una vez que ha comenzado la lucha. Tomar la iniciativa es esencial para el Camino de la Estrategia de Combate, ya que es a través de esto que se determinará una victoria rápida. Hay detalles que deben dominarse en relación con la toma de la iniciativa, pero es inútil describirlos, porque se trata de ganar con la sabiduría de tu propia estrategia al discernir las intenciones de tu oponente y elegir la forma de tomar la iniciativa que sea apropiada para cada momento.

Primero, ataca antes de que lo haga tu oponente (*ken-no-sen*). Cuando quieras atacar, mantén la calma al principio y, luego, ataca de repente. Tu mente debe permanecer tranquila en su profundidad, pero ser fuerte y rápida en la superficie. Mantén una disposición mental muy fuerte, mueve tus pies un poco más rápido de lo habitual y, tan pronto como te acerques a tu oponente, toma la iniciativa actuando muy rápido. O que tu mente esté tranquila y solo piense en aplastar a tu adversario, así ganarás con un espíritu dispuesto a derrotarlo profundamente. Todos estos ejemplos son formas de tomar la iniciativa atacando antes de que tu oponente lo haga.

Segundo, tomar la iniciativa en el momento de un ataque (*tai-no-sen*). Cuando tu oponente te ataque, finge debilidad y no reacciones. En el momento en que se acerque, retrocede con un salto enérgico y, simulando que retrocederás, corre hacia tu enemigo directamente y con fuerza cuando veas que se relaje. Ganarás tomando la iniciativa de esta manera. Cuando tu adversario te ataque, enfréntalo con mayor fuerza; él modificará el ritmo de su ataque. Toma el control de él en ese momento de cambio y derrótalo. Este es el principio de tomar la iniciativa en el momento de un ataque.

Tercero, tomar la iniciativa en el momento de un ataque recíproco (*tai-tai-no-sen*). Cuando tu oponente ataque rápidamente, enfréntalo con calma y fuerza. Luego, en el momento en que se acerque a ti, finge de repente abandonar tu respuesta. A partir de esto, en el instante en que tu oponente se relaje anticipando una victoria ilusoria, obtendrás la victoria golpeándolo directamente. O, también, contra un adversario que te ataque con calma, responde con rapidez y euforia; acércate a él e intercambia una serie de golpes de espada. Siguiendo sus reacciones, busca el momento para derrotarlo con fuerza. Estas son dos formas de tomar la iniciativa en el momento de un ataque recíproco.

No es posible dar los detalles por escrito. Debes descubrirlo por ti mismo junto con la lectura de este texto. Podrás ejecutar estas tres formas de tomar la iniciativa adaptándote a la evolución de la situación y aplicando los principios. Aunque no necesariamente puedas atacar primero, es preferible intentar forzar a tu oponente a moverse a través de tu iniciativa. En cualquier caso, para poder tomar la iniciativa, entrena bien tu mente para esforzarte hacia una victoria impecable mediante la sabiduría de la estrategia.

Presionar la cabecera[55]
(一、枕をおさゆると云事)
Esta técnica implica no dejar que tu adversario levante la cabeza. En el combate de estrategia, es perjudicial permitir que tu oponente te guíe y que te lleve a una posición defensiva. Es necesario a toda costa dirigir a tu enemigo de acuerdo con tu voluntad. Por supuesto, él estará pensando exactamente lo mismo, por lo que será imposible guiarlo de una manera que te sea favorable a menos que seas capaz de prever sus acciones. Cuando bloqueas un golpe, desvías la espada que viene a apuñalarte o te liberas cuando tu oponente te está sujetando, has dejado que tu adversario te lleve a una posición defensiva según el Camino.

Con la técnica de presionar la cabeza se busca lo contrario. Quien sigue el Camino de la Estrategia de Combate podrá

---

55 En japonés, se utiliza la palabra 枕 (*makura*), que significa 'almohada'. Los samuráis de la época, así como las mujeres, dormían con la cabeza reposada sobre una cabecera o almohada de madera tallada de una manera que no afectara sus peinados.

percibir la voluntad de su adversario antes de que este haga un movimiento. Si quiere golpear, lo captarás antes de que termine siquiera de pensar en la primera sílaba «gol». Cuando quiera atacar, lo detendrás en la «a». Cuando quiera retroceder, lo detendrás en la «re». Y, si tiene la intención de cortar, harás tuyo ese «cor» y lanzarás tu ataque antes. Todo se hace con la misma actitud. En el transcurso del combate, permítele ataques con técnicas inútiles mientras evitas que haga algo efectivo. Esto es esencial en la estrategia.

Sin embargo, trabajar para prevenir cada movimiento que intente hacer tu oponente es seguir su iniciativa. Lo esencial es que todas las técnicas que utilices sigan el Camino. De esta forma llegarás al punto en el que podrás prever la voluntad de tu oponente y evitar que la concrete al volver ineficaces todos sus movimientos. Dominar a tu oponente de esta manera demuestra que eres un verdadero experto que ha pasado muchos años entrenando. Debes examinar bien lo que quiero decir con este principio de presionar la cabecera.

Superar un pasaje crítico
(一、とをこすと云事)

En la navegación del mar, cruzar ciertos estrechos, corrientes fuertes o una distancia de cuarenta o cincuenta leguas constituye un pasaje crítico. También en la travesía de la vida, una persona se encontrará con numerosas complicaciones.

En la náutica, es necesario saber sobre los lugares peligrosos, la posición del barco y el clima. Cuando no se tiene la escolta de otro barco, es menester saber adaptarse a cada situación, navegar de ceñida con el viento cruzado o a favor del viento cuando viene de popa. Debes tener la determinación de remar una distancia de dos o tres leguas para llegar al puerto. Esa es la forma en que un barco en el mar supera un paso crítico. Esta forma de ser también se aplica a la travesía de la vida. Debes superar un paso crítico con la idea de que este evento es único.

En la estrategia, también es importante superar pasajes críticos. Lo logras evaluando con precisión tu propia capacidad y la fuerza de tu oponente. El principio es el mismo que el de un buen capitán que navega en el mar. Una vez que se ha pasado el punto crítico, la mente se calma. Si pasas el punto crítico, tu enemigo saldrá debilitado y tomarás la iniciativa. Ya, prácticamente, has ganado. En la estrategia de grupo y en la individual, es esencial estar decidido a superar el paso crítico. Debes examinar esto detenidamente.

Entender la situación
(一、けいきを知ると云事)

En la estrategia de grupo, es necesario reconocer los momentos en que tus oponentes están en su punto máximo y cuando están en su punto más bajo, conocer sus números y sus intenciones, tener en cuenta las condiciones del lugar y discernir claramente su situación. Esto es para mí «entender la situación». Puedes conseguir la victoria a partir de este principio de la estrategia, peleando desde una posición ventajosa.

En la estrategia individual, debes tener conocimiento sobre la escuela de tu oponente, discernir su personalidad y encontrar sus fortalezas y debilidades. Utiliza tácticas que frustren sus intenciones. Es importante tomar la iniciativa del ataque al percibir cuando aumenta o desciende la combatividad de tu enemigo y al conocer bien su cadencia. Si tu sabiduría es suficiente, siempre podrás percibir por completo en qué situación te hallas. Encontrarás muchas formas de ganar cuando tu cuerpo se mueva libremente y puedas sondear con precisión la mente de tu adversario. Debes trabajar en esto.

Detener la espada con el pie
(一、けんをふむと云事)

Este movimiento se usa únicamente en la estrategia.

En los combates grupales, es común que los adversarios utilicen arcos o pistolas, o ataquen de alguna otra manera con todo lo que tengan. Penetrar por la fuerza ante una situación tal es desventajoso, pues les da tiempo [a tus adversarios] para que tensen nuevamente sus arcos o recarguen con pólvora. Por eso se hace necesario que realices un asalto rápido mientras ellos disparan con sus arcos o sus pistolas, ya que no podrán alcanzarte si avanzas con rapidez. Tan pronto como el enemigo actúe, rompe sus acciones y derrótalo aplastando sus planes bajo tus pies.

En el combate de uno contra uno, si golpeas respondiendo después de cada uno de los ataques de tu oponente, el combate se estancará y se convertirá en una repetición de los mismos ritmos. Cuando un adversario te golpee con su espada, supera su ataque bloqueando con el pie hacia abajo su espada y quítale la oportunidad de actuar por segunda vez.

No lo detengas solo con los pies; también debes aprender a bloquear con tu cuerpo, con tu mente y, por supuesto, con tu espada, de tal forma que impidas que renueve su ataque. De esta manera puedes tomar la iniciativa en cada situación. Actúa al mismo tiempo que tu oponente; no de manera que colisiones con él, sino para perseguirlo después del encuentro. Debes examinar esto detenidamente.

Reconoce el instante de colapso
(一、くづれを知ると云事)

Existe un instante en el que cada cosa, sea cual sea, colapsa. Puede ser una casa, una persona o un adversario; todos colapsan con el tiempo siguiendo discordancias en el ritmo.

En los combates a gran escala, una vez que hayas comprendido el ritmo de colapso de tus adversarios, es esencial que los sometas a un ataque constante sin dejarles un solo instante de respiro. Si les permites tomar un respiro cuando están a punto de colapsar, les darás la oportunidad de recuperar sus fuerzas.

En el combate individual, puede ocurrir que, durante la contienda, tu oponente comience a colapsar como resultado de una discordancia en el ritmo. Sin embargo, si aflojas en ese momento, permitirás que se recupere, y perderás la oportunidad de derrotarlo. En el momento en que tu adversario se encuentre en el instante del colapso, persiste en acorralarlo mediante ataques firmes para que no tenga oportunidad de recuperarse. Hazlo retroceder de forma directa y poderosa, y golpéalo de manera que cada ataque tenga un largo alcance, para que no pueda reorganizarse. Aprende la trascendencia de destrozar al enemigo en mil pedazos. Si no lo pulverizas, su espíritu permanecerá. Estudia esto con detenimiento.

Convertirte en tu oponente
(一、敵になると云事)

Convertirte en tu oponente es ponerte en su lugar. En la vida, existe una tendencia a sobreestimar el poder del adversario. Tomemos, por ejemplo, a un ladrón que, al no haber tenido éxito en huir, se encierra en una casa. Si te pones en su lugar, rodeado, con toda la sociedad como su enemiga, te sentirás desesperado. Alguien que se encierra de esta manera es un faisán enjaulado, y la persona que entra para matarlo es un halcón. Debes pensar en todo esto detenidamente.

En los combates grupales, también existe una tendencia a sobreestimar la fuerza de los adversarios y a adoptar una actitud demasiado prudente. No debes de tener miedo si tienes un número suficiente de soldados y si conoces el principio de la estrategia y sabes cómo crear una oportunidad para ganar.

En la estrategia individual, también debes pensar poniéndote en el lugar de tu oponente. Cuando tienes que enfrentar a un maestro[56] de las artes marciales que ha dominado perfectamente el Camino y sus técnicas, te considerarás derrotado antes de que empiece el combate. Examina esto detenidamente.

Soltar las cuatro manos[57]
(一、四手をはなすと云事)

La técnica de «soltar las cuatro manos» se utiliza en la siguiente situación: si tú y tu oponente compiten con la misma actitud, el combate no se desarrollará a tu favor. Tan pronto como sientas

---

56 Esta frase está escrita desde la perspectiva de quien se enfrenta al discípulo de Musashi. Desde que comenzaban a entrenar, Musashi insistía en llamarlos «maestros», para infundirles confianza y hacerlos tomar conciencia de su ventaja anímica sobre el adversario que se ha percatado de su maestría.

57 La expresión 四手をはなす (*yotsu te wo hanasu*, literalmente 'soltar las cuatro manos') se refiere a cuando los dos oponentes en un enfrentamiento tienen las dos manos comprometidas en posición de bloqueo. En la actualidad, se utiliza esta posición, sobre todo, en la práctica del *sumo*, e indica cuando cada uno de los dos combatientes ha agarrado el cinturón de su oponente con ambas manos. También es el nombre empleado para describir varios artículos con cuatro esquinas unidas, como una red de pesca, y se utilizó para describir una prenda de vestir de mujer que consistía en un cuadrado de tela que se ataba en la espalda pasando una cuerda sobre ambos hombros y debajo de ambos brazos, con un nudo en el pecho. Hoy en día, en japonés contemporáneo, la expresión significa 'combatir en igualdad de términos'.

que vas a llegar a un empate, abandona lo que estés haciendo y busca ganar de otra manera.

En el combate grupal, si enfocas tu ataque a utilizar las «cuatro manos», no podrás llegar a un resultado favorable y perderás tropas. Es importante abandonar este enfoque rápidamente y ganar a través de medios que tus adversarios no hayan pensado.

En la estrategia individual, tan pronto como sientas que estás luchando de manera similar a «cuatro manos», cambia tu actitud. Debes ganar empleando medios radicalmente diferentes, reconociendo el estado de tu oponente. Debes entender esto bien.

Mover tu sombra[58]
(一、かげをうごかすと云事)

La técnica de «mover tu sombra» se aplica cuando no puedes discernir lo que hay en la mente de tu oponente.

En los combates grupales, cuando el estado de tus adversarios es insondable, descubre su táctica atrayéndolos con un ataque fingido. Una vez que la hayas identificado, será fácil derrotarlos con el método adecuado.

En la estrategia individual, cuando tu oponente toma una posición de guardia con su espada hacia atrás o hacia un lado, haz una finta y podrás ver su espíritu reflejado en la respuesta de su espada. Habiendo desvelado su estado mental, emplearás un medio efectivo contra él y seguramente ganarás. Pero, si al hacer esto te relajas, perderás el ritmo apropiado. Examina esto bien.

---

58 La técnica que se explica acá es un ataque fingido utilizado para hacer que un oponente que ha adoptado una posición de guardia sólida se mueva. Cuando reacciona a tu finta, revela sus intenciones ocultas y tiene un momento de vacilación que lo vuelve vulnerable.

Frena la sombra
(一、かげをおさゆると云事)
Cuando veas que tu adversario tiene la intención de actuar, «frena la sombra».

En el combate a gran escala, esto significa detener la acción del enemigo en el mismo momento en que se impulsa para actuar. Si demuestras con fuerza que controlas la ventaja, tus adversarios cambiarán su táctica porque serán frenados por tu fuerza. En ese momento, cambia tu propia táctica y obtén la victoria tomando la iniciativa del ataque con una mente clara y vacía.

En la estrategia individual, en el momento en que tu oponente está a punto de atacarte con una fuerte voluntad, hazlo desistir usando la cadencia efectiva. Detecta el ritmo de su retirada. Toma la iniciativa del ataque y encuentra un medio efectivo para derrotarlo. Debes trabajar esto bien.

Contagiar a tu oponente
(一、うつらかすと云事)
En todo existe aquello que es contagioso: el sueño se contagia, los bostezos se contagian e, incluso, el tiempo se contagia.

En la estrategia grupal, cuando percibas en tus adversarios una cualidad de indecisión y prisa, finge no darte cuenta y actúa extremadamente despacio; eso influirá en ellos, quienes relajarán su actitud. Cuando juzgues que los has contagiado lo suficiente, aprovecha esa oportunidad para ganar atacando rápido y fuerte con una mente clara y vacía.

En el combate individual, es importante ganar atacando con fuerza y rapidez para apoderarte de la iniciativa, aprovechando el momento en que tu oponente se ha relajado porque ha sido contagiado por la cualidad relajada de tu cuerpo y tu mente.

También puedes irritar a tu oponente mediante un proceso similar, introduciendo aburrimiento, indecisión y debilidad en su mente. Debes trabajar esto bien.

Irrita a tu oponente
(一、むかつかすると云事)

La irritación sucede de diferentes maneras. Una de las formas en que sucede es a través del sentimiento de estar bajo una aguda presión. Otra es a través del sentimiento de una fuerza irracional. Una tercera forma es a través del sentimiento de sorpresa ante lo inesperado. Debes examinar esto bien.

En el combate a gran escala, es importante saber cómo irritar a los adversarios. Inicia un violento asalto hacia una dirección que tus oponentes no esperen y, antes de que sus espíritus tengan la oportunidad de estabilizarse, toma la iniciativa del ataque, aprovechando al máximo esta ventaja. Ganar de esta forma es esencial.

De la misma manera, en el combate individual muéstrate lento al principio, luego ataca abruptamente con fuerza y, según tu oponente muestre altibajos en su concentración, aprovecha esa oportunidad para derrotarlo manteniéndote siempre firme. Debes examinarlo bien.

Asustar a tu oponente
(一、おびやかすと云事)

Cualquier cosa puede causar miedo. Uno se permite asustarse por lo que no espera.

En la estrategia grupal, no solo puedes asustar a tus adversarios mediante una acción directa, sino también haciendo ruidos, o haciendo que algo pequeño parezca grande, o haciendo movimientos de ataque repentinos a los lados. Debes obtener la victoria aprovechando la ventaja que te ofrece la cadencia del miedo de tus oponentes.

En la estrategia individual, puedes generar temor valiéndote de tu cuerpo, de tu espada y también de tu voz. Gana a partir de la oportunidad que surge en el momento en que tu contrincante se asusta por actos inesperados. Debes examinar esto bien.

Recubrir a tu oponente
(一、まぶるると云事)

«Recubrir[59] a tu oponente» es una táctica que puedes usar cuando tu adversario se aproxima a ti y tú chocas violentamente contra él. Entonces, habiéndose estancado el desarrollo del combate, recubre a tu oponente como si ambos constituyeran un solo cuerpo. Trata de encontrar una oportunidad para ganar en este tipo de combate cuerpo a cuerpo.

Tanto en los enfrentamientos grupales como en los individuales, es complicado ganar si te separas de tu adversario, porque sus espíritus competirán entre sí. En ese momento, recubre a tu oponente de tal manera que sea imposible distinguirte de él. Aprovecha esa oportunidad para ganar y obtener la victoria con fuerza. Debes examinar esto bien.

Golpear en una esquina
(一、かどにさわると云事)

No siempre puedes derribar algo directamente, en especial si es poderoso. Por eso, debes usar lo que llamo «golpear en una esquina».

---

59 El verbo que Musashi utiliza, まぶるる (*mabururu*), proviene de まみれる (*mamireru*), que significa 'ensuciar todo el cuerpo con sangre, sudor, barro o polvo'. La forma contemporánea es 塗す (*mabusu*), que a menudo se usa como un término culinario, refiriéndose, por ejemplo, a rebozar un buñuelo en harina.

En el combate a gran escala, primero observa el número de enemigos y halla en su formación un punto débil en su defensa, que se vea como una protrusión. Esa será su «esquina» y podrás iniciar tu ataque allí. Una esquina débil hará que el resto de las tropas sean débiles. Luego de atacar una esquina, busca otras donde puedas aplicar la misma táctica y así obtendrás la victoria.

En la estrategia individual, si hieres una esquina del cuerpo de tu oponente, esto lo debilitará, aunque sea ligeramente, y hará que se desmorone. Entonces será fácil ganar. Debes estudiar esto bien para dominar el principio de la victoria.

Causar confusión en el oponente
(一、うろめかすと云事)
Causar confusión en el oponente es quebrar su espíritu.

En la estrategia grupal, explora la mente de tus adversarios en el campo de batalla; con la destreza de tu estrategia, llévalos de un lado a otro, haz que piensen esto y aquello, haz que a veces piensen lentamente y, en otras, rápido. Aprovecha este estado alterado para derrotarlos con certeza.

En la estrategia individual, varía tus técnicas según las circunstancias: finge que golpeas, apuñalas o te acercas. Comprende la forma en que la mente de tu oponente se confunde y gana con facilidad. Esto es esencial para el combate; debes examinarlo bien.

Los tres gritos
(一、三つの声と云事)
Existen tres tipos de gritos: aquellos para el comienzo, para la mitad y para el final de un combate. Dependiendo de la situación, emitir un grito será de gran importancia. Los

gritos surgen de una oleada de energía: las personas gritan cuando están ante un incendio o ante una tormenta de fuertes vientos y oleajes. Se puede percibir la fuerza de alguien por cómo grita.

En las batallas a gran escala, al comienzo del combate es necesario gritar lo más fuerte posible. Mientras se desarrolla la batalla, es apropiado gritar en un tono grave que provenga desde el fondo del vientre. Después de haber ganado, se deben realizar grandes y poderosos gritos.

En la estrategia individual, grita «¡ei!» al hacer una finta para obtener una reacción de tu oponente y, luego, ataca con tu espada. Grita después de haber ganado para declarar tu victoria. Estos dos gritos se llaman gritos de «antes y después». No grites fuerte al mismo tiempo que golpeas con tu espada. Si gritas durante el combate, los gritos deben encajar con tu cadencia y ser bajos. Reflexiona sobre esto con detenimiento.

Esconderse
(一、まぎると云事)

«Esconderse» es una estrategia que se aplica cuando dos grandes grupos se enfrentan en batalla. Si tus adversarios son poderosos, comienza atacando en una sola dirección. Tan pronto como notes que tus enemigos comienzan a debilitarse, déjalos y dirige tu ataque hacia otros grupos poderosos. Muévete como si estuvieras zigzagueando por una pendiente.

Esta estrategia es importante cuando te enfrentas solo contra muchos adversarios. No te esfuerces demasiado en ganar en cada lado; tan pronto como hagas retroceder un lado, redirígete a otro donde tu oponente tenga fortaleza. Muévete según el ritmo que te convenga, percibiendo aquel de tus adversarios, de izquierda a derecha como si estuvieras zigzagueando por una pendiente, mientras sigues la reacción de tus oponentes. Después de medir la fuerza de tus enemigos, intérnate entre ellos para atacarlos, sin albergar la mínima intención de retroceder. Así obtendrás la oportunidad de ganar con fuerza.

Esta estrategia también se puede aplicar cuando te enfrentas a un solo adversario poderoso para acercarte a él. Para esconderte, no debes tener en mente retroceder. Estudia con mente clara lo que se quiere decir con «avanzar mientras te escondes».

Aplastar al oponente
(一、ひしぐと云事)

«Aplastar al oponente» implica estar determinado a destruir a tu adversario, considerándolo decididamente débil mientras te percibes a ti mismo como fuerte. En el combate grupal, si los enemigos son pocos o incluso si son muchos, serán débiles mientras se muevan de manera indecisa y desorientada. Aplástalos, comenzando por la cabeza, y añádele a tu ataque una explosión opresiva de energía que los haga sentir arrollados. Si tus ataques no tienen la fuerza suficiente, es posible que se recuperen, así que debes aplastarlos como si estuvieran en la palma de tu mano. Entiende esto bien.

En el combate individual, cuando luches contra un oponente débil o que retrocede porque su ritmo es discordante, no le des momento para respirar ni para mirarte a los ojos. Avanza en línea recta y aplástalo. Es de vital importancia no darle oportunidad de recuperarse, por mínima que sea. Examina esto bien.

El cambio de la montaña al mar[60]
(一、さんかいのかわりと云事)

Es perjudicial hacer lo mismo varias veces en el transcurso de un combate: a esto yo le denomino «cambiar de la montaña al mar». Puedes repetir lo mismo dos veces, pero no tres. Si fallas con una técnica, puedes intentarla de nuevo una vez más; no obstante, si no tienes éxito esa vez, aplica de improviso una técnica completamente diferente. De esta manera, si tu oponente está pensando en la montaña, aplica el mar; si está pensando en el mar, aplica la montaña. Tal es la forma de la estrategia. Estúdialo con detenimiento.

Arrancar de fondo
(一、そこをぬくと云事)

«Arrancar de fondo» el espíritu de tu adversario es desmoralizarlo. Cuando luchas contra un oponente, podría parecer que has aplicado con éxito los principios del Camino, pero el enemigo aún no ha abandonado su resistencia interna. Aunque en apariencia esté derrotado, su espíritu de lucha persiste en lo más profundo de su ser. En tales situaciones, debes renovar tu determinación y quebrantar el espíritu de tu enemigo de manera contundente, destrozándolo por completo para eliminar cualquier duda sobre su derrota. Asegúrate de verificar que ha sido completamente derrotado.

Arranca de fondo esta resistencia con tu espada, con tu cuerpo y también con tu mente. No existe una única forma de hacerlo. Una vez que tus enemigos estén completamente

---

60   Se trata de un juego de palabras. 山海 (*san-kai*) significa literalmente 'montañas y mar', y es homófono con la expresión 三回 (*sankai*), que significa 'tres veces'. Por eso dice: «Puedes repetir lo mismo dos veces, pero no tres».

desmoralizados, puedes dejar de prestarles atención. Sin embargo, debes permanecer alerta, ya que, mientras mantengan ambiciones, seguirán siendo difíciles de quebrantar. Tanto en la estrategia a gran escala como en la pequeña, la técnica de la desmoralización debe practicarse y dominarse a fondo.

Renovarte
(一、あらたになると云事)

Si, en el momento de un combate, te sientes enredado con tu oponente y la lucha se estanca, desecha tus sensaciones anteriores y renueva tus pensamientos como si estuvieras haciendo todo por primera vez. De esta manera emplearás una nueva cadencia para lograr la victoria. Tan pronto como sientas indecisión en el contacto con tu oponente, renueva inmediatamente tu mente y verás una apertura en su defensa completamente diferente. Con ello ganarás.

En el combate grupal, es también importante saber cómo renovarse. Con el debido conocimiento de la estrategia, serás capaz de verlo enseguida. Examínalo bien.

Cabeza de ratón y cuello de toro[61]
(一、そとうごしゅと云事)

En el transcurso de un combate, a veces sucede que los dos oponentes se enredan porque ambos se han atascado en detalles. En esta situación, debes tener siempre en cuenta que el Camino de la Estrategia es como la cabeza de un ratón y el cuello de un toro. Al luchar con técnicas pequeñas, de repente amplía tu

---

61   En algunas copias del manuscrito en japonés se encuentra esta expresión como 午 (*uma*), que significa 'caballo', en lugar de 牛 (*ushi*), 'toro'.

mente y transforma esas pequeñas técnicas en grandes. Esto es parte integral del pensamiento estratégico. Es importante para un guerrero pensar todos los días que la mente de una persona es como la cabeza de un ratón y el cuello de un toro. Es necesario tener siempre presente esta forma de pensar, tanto en el combate grupal como en el individual. Estúdialo con cuidado.

El general conoce a sus soldados
（一、しやうそつをしると云事）

En todas las batallas, es aplicable lo que yo llamo «el general conoce a sus soldados». Si practicas sin tregua este método y logras dominar el Camino, obtendrás el poder del conocimiento de la estrategia y entonces podrás considerar a todos tus oponentes como tus propios soldados, con quienes harás lo que tu voluntad te dicte y a quienes dirigirás según tu conveniencia. Serás entonces el general; y tus adversarios, tus soldados. Trabaja esto bien.

Soltar el mango de la espada
（一、つかをはなすと云事）

«Soltar el mango de la espada» tiene varios sentidos. Es el estado mental de ganar sin tener una espada y también el estado mental de no ganar con la espada. No escribiré todas las formas de conducirse que fluyen de esta mente. Debes entrenar bien.

El cuerpo de una roca
（一、いわをのみと云事）

Quien haya dominado el Camino de la Estrategia puede convertirse inmediatamente en una roca. En ese punto, nunca recibirá un golpe de espada y nada podrá moverlo. Los detalles se darán de forma oral.

He escrito en lo anterior lo que pienso ininterrumpidamente sobre la práctica de la espada de mi escuela. Esta es la primera vez que escribo sobre este principio. Por lo tanto, hay confusiones en la organización de las oraciones, y no he podido expresarme en pequeños detalles. No obstante, este texto servirá para guiar la mente de aquellos que estudian el Camino.

Me he dedicado al Camino de la Estrategia de Combate desde mi juventud. He agotado el conocimiento de la espada y el cuerpo en todas las técnicas de esgrima, y mi pensamiento ha pasado por varias etapas. He visitado una variedad de escuelas y he visto en algunas de ellas explicaciones hábiles y, en otras, técnicas sutiles. Son en apariencia bellas, pero en ninguna de ellas se halla un espíritu verdadero. Entrenar bajo sus preceptos conduce a malos hábitos que desvían del Camino verdadero, al convertirse en costumbres de las cuales es casi imposible encontrar remedio. Para dominar el verdadero Camino de la espada y derrotar a tu adversario en combate, el principio no es de ninguna manera diferente. Si obtienes el poder del conocimiento de mi estrategia y actúas correctamente, no habrá duda de tu victoria.

Duodécimo día del quinto mes, en el año 2 de Shōhō [1645]
Shinmen Musashi Genshin
Para el honorable señor Terao Magonojō

Quinto día del segundo mes, en el año 7 de Kanbun [1667]
Terao Yumeyo Katsunobu
Para el honorable señor Yamamoto Gensuke

Utagawa Kuniyoshi. *Miyamoto Musashi venciendo a una* yamazame.
Circa 1843

Libro 4
Pergamino del Viento
(風の巻)

En el Camino de la Estrategia de Combate, es necesario conocer el Camino de otras escuelas de estrategia. En el Pergamino del Viento, he recopilado las enseñanzas de distintas tradiciones en artes marciales. Sin conocer el Camino de otras disciplinas, no será posible comprender completamente el de mi escuela.

Al investigar las enseñanzas de otras escuelas de estrategia, he encontrado que algunas se centran en el uso de espadas largas y la fuerza. Otras, por el contrario, se enfocan en el uso de la espada corta (*kodachi*)[62]. Algunas emplean múltiples técnicas con diferentes tipos de espadas y las dividen en enseñanzas «exteriores» mientras señalan que el Camino es «interior». Ninguna de estas prácticas es el verdadero Camino.

En este pergamino, he escrito claramente sobre ellas y he compartido sus virtudes y defectos. Los principios de nuestra

---

62   La espada *kodachi* (小太刀, literalmente 'espada pequeña') es una espada corta más pequeña que una katana, pero más larga que una *wakizashi*. Su longitud suele estar en el rango de 30 a 60 centímetros, lo que la hace adecuada tanto para el combate a corta distancia como para el combate cuerpo a cuerpo.

escuela son completamente diferentes. ¿No se han desviado del verdadero Camino aquellas escuelas que han sido creadas para prosperar en el mundo de las artes marciales, enfocándose en aspectos superficiales y en la ostentación para atraer clientes? ¿No es cierto que en este mundo abundan los guerreros que creen que obtendrán la victoria limitándose al arte de blandir la espada, moverse con destreza y utilizar las manos? En cualquier caso, estas prácticas no son el verdadero Camino.

A continuación, he enumerado cuidadosamente las deficiencias de estas otras escuelas de estrategia. Debes analizarlas detenidamente y comprender las ventajas de la Nitō Ichi-ryū.

Escuelas que utilizan espadas muy largas
（一、他流に大なる太刀をもつ事）

Algunas escuelas de otros estilos de artes marciales prefieren el uso de espadas muy largas. Desde la perspectiva de mi escuela de artes marciales, considero que esto es una debilidad. La razón detrás de esto es que estas otras escuelas no comprenden el principio de ganar a toda costa y, al querer ganar desde una larga distancia, dan extrema importancia a la longitud de la espada. Esta conducta muestra su falta de comprensión sobre el arte de la guerra. Usar una espada larga sin comprender los principios de las artes marciales, con la intención de ganar desde lejos, es una indicación de debilidad en el espíritu. Por esa razón, considero que es una estrategia pobre.

Cuando la distancia con el enemigo es corta y se requiere un combate cercano, una espada larga se vuelve menos efectiva, y su tamaño puede incluso ser un obstáculo, haciéndote menos competente que alguien que use una espada corta o que esté desarmado.

Quienes prefieran el uso de una espada larga puede que tengan sus propias justificaciones para ello. Sin embargo, desde el punto de vista de la verdad cotidiana, esto carece de sentido. ¿Es inevitable usar una espada larga y perder cuando no se tiene una? ¿Es lógico estar obsesionado con la espada larga en situaciones donde no haya espacio para su uso, como en espacios reducidos, o donde no se permita usar la espada corta[63], o cuando estés desarmado? Esto sería tu perdición y significa renunciar a la estrategia. Además, hay quienes carecen de fuerza física o personas cuya talla no les permite llevar una espada muy larga en el cinto.

Desde tiempos antiguos se ha dicho que «lo grande satisface a lo pequeño». Por eso, en mi escuela no se desprecia indiscriminadamente la espada muy larga, sino aquellos corazones que creen que solo importa la longitud. En el combate a gran escala, una espada larga representa un gran número de personas, mientras que una espada corta representa un pequeño número. ¿No es acaso posible que se enfrenten tropas menos numerosas contra otras de mayor número? En el pasado, en muchas ocasiones un pequeño número de personas ha vencido a un gran número; esa es una virtud de la estrategia militar. Lo que es inaceptable en mi escuela es tener un espíritu estrecho y sesgado. Examina esto con detenimiento.

Escuelas que utilizan la fuerza de la espada
(一、他流におゐてつよみの太刀と云事)

En cuanto a [el golpe de] la espada, no debería haber una distinción entre «fuerte» y «débil». Manejar la espada con fuerza

---

63 En ciertos lugares, estaba prohibido blandir la espada larga, como por ejemplo en los palacios y las casas.

bruta no es necesariamente algo bueno. No se puede ganar simplemente siendo rudo. Si solo piensas en atacar con fuerza, no podrás cortar al enemigo ni tampoco a los muñecos de entrenamiento[64].

Cuando uno se enfrenta a un enemigo con intención de matarlo, no piensa en cortar con mucha o poca fuerza; no se puede cortar mortalmente al enemigo con fuerza, y por supuesto tampoco sin ella: simplemente se usa la fuerza justa que garantice la muerte. Incluso, si utilizas una fuerza excesiva al chocar tu espada con la de tu oponente, puede resultar en que tu espada se quiebre debido a la tensión. Por eso, considero que no hay una «espada fuerte».

En los combates a gran escala, pensar solamente en la fuerza del número de combatientes solo provocará una respuesta igualmente fuerte de nuestros oponentes. Ambos lados harán lo mismo. Para ganar, se debe seguir la lógica. En el Camino de la Estrategia de Combate, no prestes atención a aquello que es excesivo[65]. A través del conocimiento de la estrategia militar, encontrarás la manera de ganar en cualquier situación. Debes ser ingenioso en esto.

Escuelas que usan espadas cortas
他流に短き太刀を用る事)
Pensar en ganar usando solo espadas cortas no es el Camino verdadero. Desde hace mucho tiempo, a las espadas se les ha

---

64   Musashi utiliza el término *tameshigiri*, que significa 'corte de prueba'. En el pasado, se utilizaban los cadáveres de los prisioneros para probar el filo de una espada o, incluso, como tortura para aquellos que aún tenían vida. Esta práctica cruel fue desapareciendo para dar paso a los muñecos de paja.

65   También puede traducirse como algo «ilógico» o «poco razonable».

dado los nombres de *tachi* y *katana*, para dejar claro la diferencia entre las espadas cortas y las largas, respectivamente[66]. Los guerreros más fuertes pueden blandir las espadas grandes como si fuesen ligeras, por lo que para ellos no tiene sentido preferir las espadas cortas. Incluso, pueden usar armas más largas y pesadas, como el *yari* y la *naginata*.

Creer que podrás aprovechar con tu espada corta los intervalos de ataque de tu oponente para cortar, arremeter o vencerlo es un enfoque sesgado y equivocado. Además, centrarte en los errores de tu oponente te coloca en una posición reactiva y hace que pierdas la iniciativa; por ese motivo, lo desapruebo en mi escuela. Usar la espada corta para adentrarte en el espacio de tu oponente con el fin de atacarlo no es útil si te enfrentas a varios enemigos. Quienes son hábiles manejando la espada corta tienen la impresión de que pueden moverse libremente entre una multitud de enemigos y blandir la espada de un lado a otro, pero eso solo genera una situación desventajosa y caótica al caer presos de los ataques de sus enemigos. No es un camino seguro.

La manera más segura de ganar es mantener una postura fuerte y recta, conduciendo a tus enemigos a tu voluntad y confundiéndolos. Esta técnica también puede aplicarse en la estrategia militar a gran escala.

La clave de la estrategia militar es abrumar a los enemigos, exponerlos a un ataque feroz y aplastarlos de inmediato. Es común que tus acciones repetidas te hagan desarrollar ciertos hábitos. Si alguien se acostumbra constantemente a bloquear, esquivar, deslizarse o evadir, su espíritu a su vez se acostumbrará a ese Camino y será arrastrado por las acciones de otros.

---

66 Las espadas *tachi* medían casi un metro de longitud y las *katanas* solían ser más cortas.

El Camino de la Estrategia de Combate es recto y franco. Es esencial acorralar y someter a los demás con una estrategia correcta. Esto es de suma importancia y debe ser examinado detenidamente.

La abundancia de técnicas en otras escuelas
(一、他流に太刀数多き事)

Enseñar un gran número de técnicas de espada para impresionar a los principiantes es convertir el Camino en un negocio comercial. Solo busca sorprenderlos con un gran repertorio de movimientos que no tienen utilidad real en la estrategia militar. Pensar que hay una miríada de formas de atacar con la espada es indicativo de una mente confundida, pues en el mundo simplemente no hay tantas formas diferentes de cortar.

Los que conocen las artes de la espada, así como los que no las conocen, incluso mujeres y niños, utilizan métodos de ataque y corte que no son tan variados como podrías pensar. Los diferentes cortes se refieren a términos como «apuñalar» o «rajar». En primer lugar, no tendría por qué haber una gran variedad de métodos si el objetivo es matar al enemigo.

Sin embargo, dependiendo de la situación y el espacio disponible, especialmente en lugares de techo bajo o estrechos en los laterales, se hace necesario manejar la espada de una manera que no cause problemas. Para ello, enseño cinco posiciones diferentes para tomar la espada.

Añadir cualquier otra cosa, como hendir por la mitad a un adversario con un giro de manos, un giro del cuerpo o un salto a distancia, no es el Camino verdadero. No se puede cortar a alguien torciendo las manos o el cuerpo, ni saltando ni esquivando. Esto no tiene ningún valor en absoluto. En mi estrategia militar, la clave es mantener el cuerpo y la mente firmes, descentrando al enemigo, y ganar donde su espíritu se retuerce y se agita. Esto es fundamental.

El énfasis en la postura de la espada en otras escuelas (一、他流に太刀の構を用る事)

Es un error concentrarse únicamente en la postura defensiva con la espada. En este mundo, solo se debe pensar en la postura defensiva cuando no queden enemigos contra quienes combatir. Esto porque establecer leyes o normas en el combate no es factible en el transcurso de una batalla real si lo que se busca es conseguir la victoria. El objetivo es poner al adversario en una situación de desventaja.

La posición defensiva o de guardia tiene el sentido de la inamovilidad. Por ejemplo, para construir una fortaleza o establecer el orden de una batalla, se debe tener una mente poderosa e inquebrantable, incluso si el enemigo ataca; esta es una actitud fundamental. Mientras que, en el Camino de la Estrategia de Combate, es necesario tomar la iniciativa una y otra vez en cualquier situación. Asumir una posición defensiva es esperar la iniciativa del otro. Debes entender esto correctamente.

En el Camino de la Estrategia de Combate, sacudes la defensa del otro empleamdo técnicas que él no está pensando: lo haces entrar en pánico, lo irritas, lo asustas y lo derrotas al darte cuenta del ritmo con el que está perdiendo el control del combate. En esta práctica, es perjudicial adoptar una posición defensiva que espera la iniciativa del otro. Es en este sentido que insisto en mi escuela en la «postura sin postura»[67]; es decir, incluso si hay una defensa, no es una defensa rígida.

---

67   Véase la nota 40 al respecto.

En el combate a gran escala, la preocupación principal para una batalla equilibrada es aprender a calcular el número de tropas que tiene el adversario, darse cuenta de la disposición del campo de batalla, conocer el estado de las propias tropas, ordenar sus mejores cualidades, unirlas y después empezar a luchar.

El espíritu de atacar primero es completamente diferente al espíritu de ser atacado. Soportar un ataque con determinación y parar el ataque del enemigo eficazmente es como construir una muralla de lanzas y alabardas. Cuando atacas al enemigo, tu espíritu debe llegar al punto de sacar las estacas de la muralla y usarlas como lanzas y alabardas. Debes comprender esto a fondo.

La mirada en otras escuelas
(一、他流に目付と云事)

En ciertas escuelas se enseña a que la mirada debe estar fija en la espada del enemigo, en sus manos, su rostro, sus pies o similares. Al enfocarte especialmente en una parte específica [del cuerpo del oponente], puedes perder de vista lo más importante y ver afectada tu estrategia.

Una persona que patea una pelota no necesita enfocarse mucho en ella[68]. Puede utilizar la técnica *bansuri*[69] y parar la pelota con la frente y patearla, o mantenerla en el aire con la patada

---

68 Cuando hace referencia al juego de pelota, se refiere al tradicional juego de *kemari*. Este es un antiguo juego tradicional japonés que se considera uno de los precursores del fútbol moderno. Se originó en Japón durante el periodo Heian (siglos VIII-XII) y se jugaba en la corte imperial y entre la nobleza. El juego consiste en mantener una pelota de cuero llena de aire en el aire usando solo los pies, sin dejarla tocar el suelo.

69 Pirueta similar al «sombrerito», que consiste en voltear el balón con el talón del pie.

oimari[70], o incluso asestar una patada giratoria. Con la práctica, el jugador se vuelve hábil y no necesita mirar la bola para patearla.

Otro ejemplo son aquellos que realizan acrobacias o malabares: cuando se vuelven expertos en su arte, pueden hacer malabares con múltiples espadas sin mirar y haciendo equilibrio con una puerta en la punta de su nariz. Esto se debe a que están acostumbrados a manejar estas cosas y ven por instinto.

En el Camino de la Estrategia de Combate, al acostumbrarse a luchar contra diferentes enemigos y al aprender a calibrar la fortaleza espiritual del oponente, uno puede ver todo, desde la distancia, la velocidad o cualquier otro aspecto de la espada. En la estrategia, fijar la mirada significa observar el corazón del hombre.

En la estrategia a gran escala, el área a observar es la fortaleza del enemigo. Hay dos formas de ver: percepción y vista[71]. Al fortalecer el ojo de la percepción, podrás conocer el corazón del enemigo, observar la posición en el campo de batalla, ampliar tu visión para percibir la atmósfera de la batalla y detectar los cambios en la fuerza y la debilidad, que varían con el tiempo. Esto es fundamental para obtener una victoria segura.

En la estrategia militar, ya sea en un conflicto grande o pequeño, no debes enfocarte en detalles insignificantes. Como mencioné antes, si te enfocas demasiado en los detalles, podrías pasar por alto cosas importantes y perder el rumbo, lo que te llevaría a perder una victoria segura. Debes examinar cuidadosamente este beneficio y entrenarte en consecuencia.

---

70   Pirueta que consiste en sostener el balón con la parte posterior del cuello antes de bajar la pelota y chutarla al arco.

71   Véase la nota 36.

El movimiento de los pies en otras escuelas
(一、他流に足づかひ有事)

Existen diversas formas de dar pasos rápidos; tenemos los que se conocen como paso flotante, paso saltarín, paso elástico, paso fuerte, paso de cuervo y más[72]. Desde el punto de vista de mi escuela, estos movimientos son deficientes.

Debe evitarse el paso flotante porque, en situaciones de combate, existe una tendencia a caminar como si los pies volaran, cuando, en realidad, deberías estar bien plantado en el suelo. Además, debe evitarse el paso saltarín porque, cuando das saltos, hay un levantamiento y un aterrizaje, así como una mentalidad de saltar, y ningún beneficio en hacerlo varias veces; por lo tanto, este paso no es bueno. Del mismo modo, los pasos elásticos son ineficaces debido a que inestabilizan el espíritu. El paso fuerte se evita especialmente porque los pies se quedan inmóviles, como a la espera. También hay otros tipos de pasos, como el paso de cuervo. Debido a que es posible que te encuentres con tu oponente en lugares como pantanos, humedales, montañas, ríos, llanuras rocosas y caminos estrechos, donde sea difícil o imposible saltar por la naturaleza del terreno, es importante en el Camino que no hagas ningún cambio en tu forma de mover los pies.

---

72   Las expresiones japonesas relacionadas con el movimiento de los pies en la estrategia de esgrima de Musashi tienen significados específicos:
浮き足 (*uki ashi*) o paso flotante: en esta técnica, mantienes uno de tus pies, generalmente el pie delantero, flotando, tocando el suelo solo con la base de los dedos de los pies, con el talón ligeramente levantado. Esto te permite mover el pie hacia adelante de manera flotante mientras buscas la distancia adecuada desde la cual atacar.
飛び足 (*tobi ashi*) o paso saltarín.
跳ねる足 (*haneru ashi*) o paso elástico.
踏みつめる足 (*fumitsumuru ashi*) o paso fuerte.
からす足 (*karasu ashi*) o paso de cuervo: esta expresión es menos común y puede referirse a moverse en diagonal, similar al paso de un cuervo.

Camina como lo harías normalmente y sigue el ritmo de tu oponente. De esta manera, encontrarás la postura correcta, sin atropellarse ni detenerse, y el movimiento de tus pies será coherente, sin defecto ni exceso.

El movimiento de pies es importante en la estrategia a gran escala. Si atacas rápidamente y sin pensar, sin conocer el espíritu del enemigo, tu ritmo se desorganizará y no podrás ganar. O, si te retrasas, no podrás aprovechar la vacilación del enemigo y la oportunidad de ganar rápidamente se escapará. Debes ganar aprovechando la desorganización del enemigo y no debes darle ni siquiera una pequeña esperanza de reagruparse. Practica esto bien.

La velocidad en otras escuelas
(一、他の兵法にはやきを用る事)

Como concepto, la velocidad no forma parte del verdadero Camino de la Estrategia de Combate. Cuando he hablado de movimientos «rápidos», me refiero a un movimiento que se dé durante un desfase en la cadencia del enemigo: si lo anticipa, es «rápido»; si se retrasa, es «lento».

Los movimientos de un practicante experimentado en cualquier disciplina no parecen rápidos. Por ejemplo, hay mensajeros que corren cuarenta o cincuenta leguas en un solo día, pero no corren rápido desde la mañana hasta la noche. En cambio, un principiante no puede recorrer una distancia tan larga, incluso si tiene el viento a favor durante todo el día.

En el teatro Nō[73], el principiante que canta siguiendo a un artista experimentado se escucha como si estuviera con prisa y

---

73   Forma tradicional de teatro japonés que fue extremadamente popular en el siglo XVII. Es considerado uno de los estilos de teatro más antiguos del mundo y sigue siendo una forma de arte escénico altamente respetada en Japón.

a la vez rezagado. De la misma manera, en el ritmo del tambor para la obra *El pino viejo*[74], que es una melodía lenta, al principiante le costará mantener el ritmo y sonará a destiempo, o muy rápido o muy lento. Y, aunque la música de la obra *Takasago*[75] tenga un tempo bastante acelerado, no es apropiado tocar el tambor demasiado rápido.

La velocidad es el comienzo de una caída porque produce una desviación en la cadencia. Por supuesto, la lentitud excesiva también es perjudicial. Los movimientos de un maestro en su arte parecerán lentos, pero no hay espacio muerto entre sus movimientos. Un experto jamás parecerá que va con prisa.

Espero que, a través de estos ejemplos, se entienda este principio del Camino. En el Camino de la Estrategia de Combate, es malo intentar ser rápido. Lo explicaré. En lugares como un pantano o un arrozal profundo, no puedes mover ni tu cuerpo ni tus piernas rápido. Esto es aún más cierto para la espada: no debes intentar cortar con rapidez. Si intentas cortar con un movimiento rápido, la espada, que no es ni un abanico[76] ni un cuchillo, no cortará debido a la velocidad. Debes entender esto bien.

---

74 Conocida como *Oimatsu*, es una obra del dramaturgo Zeami Motokiyo (siglo XIV). En ella, un hombre de la capital, después de un sueño premonitorio, visita el templo de Anrakuji en Kyūshū, donde encuentra a un anciano y un joven que comparten historias sobre un ciruelo y un pino, y luego presencian una danza del dios del pino.

75 También obra de Zeami, está escrita como alabanza a los dioses. Lleva su nombre por un pueblo de la provincia de Harima.

76 Se refiere al *tessen*, un abanico de guerra hecho de hierro que se utilizaba como arma. Además de su poder ofensivo gracias a las varillas de hierro que lo conformaban, servía para repeler ataques enemigos y, además, también se lanzaba contra el oponente.

En los combates a gran escala, es también malo pensar en apresurarse para alcanzar la velocidad. Si posees la actitud mental que expliqué, como «sostener la cabecera»[77], nunca llegarás tarde. Si tus adversarios actúan demasiado rápido, aplica el enfoque opuesto: evita imitarlos y mantente calmado. Debes entrenarte bien para desarrollar este estado mental.

Lecciones «superficiales» y «profundas» en otras escuelas (一、他流に奥表と云事)

En cuestiones de estrategia, ¿qué se entiende por lo superficial y lo profundo? En las artes, se enseñan lecciones «superficiales» a quienes están recién llegados, y luego se les entrega la lección «profunda» o la transmisión secreta de las enseñanzas definitivas. Pero, según los principios de combate con un adversario, no se puede enseñar a luchar con técnicas «superficiales» o «profundas».

En mi escuela, enseño a los principiantes aquellas técnicas de estrategia que son fáciles de asimilar, dándoles una explicación que puedan entender de inmediato. Observando el grado de su avance, les doy lecciones progresivamente más complejas. Sin embargo, en general, enseño técnicas que se aprenden naturalmente según las situaciones en que se encuentren [los principiantes]. No es necesario distinguir entre lecciones de profundidad y de entrada[78] en la enseñanza. Esto se puede relacionar con el adagio que dice así: «Si sigues adentrándote cada vez más en las montañas, saldrás por donde entraste».

---

77   Véase la nota 55.

78   Cuando un estudiante se inscribía en una escuela de combate, pasaba a través de una gran puerta del *dōjō*. Cruzar «la entrada» significaba comenzar un curso de estudio.

Sin importar el Camino, a veces es efectiva la técnica profunda. Entonces, ¿por qué ocultar una cosa para mostrar otra? Por eso, en las enseñanzas de mi escuela, no hago firmar juramentos de confidencialidad con sanciones.

Según como perciba el conocimiento de mi estudiante, le enseño el Camino Directo, lo ayudo a liberarse de la mala influencia de otras escuelas[79] y lo llevo gradualmente hacia el verdadero Camino, con un espíritu libre de dudas. Así es como se enseña la estrategia en mi escuela. Debes entrenar bien en esto.

En el Pergamino del Viento, he escrito de manera sucinta sobre la estrategia de otras escuelas en nueve secciones. Debería haber escrito sobre cada una de estas cosas con más detalle, yendo desde lo superficial hasta lo profundo, pero intencionalmente evité mencionar los nombres de las escuelas y los nombres de las técnicas. Porque, en cada escuela, las ideas y las explicaciones sobre tal o cual Camino pueden variar de una persona a otra de acuerdo con la forma en que lo entiende, y cada persona tiene su manera de razonar. Por lo tanto, existen pequeñas

---

79 Musashi escribe literalmente «los cinco o seis malos Caminos» (五道六道の 悪いところ, *godō rikudō no warui tokoro*). Tanto *godō* como *rikudō* provienen del budismo. El primero se refiere a los cinco mundos diferentes en los que puede caer un ser vivo después de su muerte. Estos son el infierno (*jigoku*), el mundo de los seres hambrientos (*gaki*), los mundos de los animales (*chikushō*), el mundo humano (*ningen*) y el mundo celestial (*tenjō*). El segundo término, *rikudō*, denota los cinco mundos de godō y, además, otro mundo en el que viven los titanes, los enemigos de los dioses (*ashura*).

La expresión de Musashi es ambigua. Uno podría pensar que está usando esta imagen en un sentido irónico, conectando las muchas escuelas con el infierno y los otros mundos inferiores. Al mismo tiempo, esta imaginería tomada del pensamiento budista nos recuerda que Musashi concibe su estrategia como un todo que contiene tanto el bien como el mal, y enfatiza la importancia de eliminar el mal para alcanzar el ideal de la estrategia.

diferencias en el pensamiento dentro de una sola escuela. Es por eso que no mencioné ni el nombre ni las técnicas de las escuelas, pensando en su desarrollo futuro.

He esbozado las características generales de las otras escuelas en estas nueve secciones. Si observamos las cosas desde el punto de vista del Camino del mundo y también desde el de la razón humana correcta, estas escuelas siguen Caminos parciales, porque una de ellas está ligada únicamente a la longitud, otra elogia la ventaja de la espada corta, y las demás son parciales debido a una única preocupación, ya sea la fuerza y la debilidad o la rudeza y la fineza. No necesito ser específico sobre si estoy hablando de la superficialidad o la profundidad de tal o cual escuela, porque todo el mundo lo sabe. En mi escuela, no hay profundidad ni superficialidad para el arte de la espada, y no hay posturas fijas de defensa. La esencia de la estrategia radica únicamente en que el espíritu aprenda de ella la virtud.

Duodécimo día del quinto mes, en el año 2 de Shōhō [1645]
Shinmen Musashi Genshin
Para el honorable señor Terao Magonojō

Quinto día del segundo mes, en el año 7 de Kanbun [1667]
Terao Yumeyo Katsunobu
Para el honorable señor Yamamoto Gensuke

Tsukioka Yoshitoshi. *Miyamoto Musashi cortando un murciélago.* 1867

Libro 5
Pergamino del Vacío
(空の巻)

En este Pergamino del Vacío elucidaré la forma de la estrategia de la Nitō Ichi-ryū. El vacío es un espacio donde no hay nada y que no puede ser conocido. Es también, por supuesto, la nada. Conocer lo que no existe mientras se conoce lo que existe: eso es el vacío.

En este mundo, algunas personas interpretan erróneamente el vacío como la falta de distinción entre las cosas. Esto evidencia una mente extraviada y no es el verdadero vacío.

Para el Camino de la Estrategia de Combate, el vacío no significa despreciar la ley para practicar el camino del guerrero. Tampoco significa aquello que se desconoce o que parece imposible de comprender.

El guerrero debe aprender el Camino de la Estrategia de Combate con certeza, practicando las diferentes disciplinas de las artes marciales, y no debe despreciar nada relacionado con la práctica del Camino del guerrero. Debe ponerlo en práctica desde la mañana hasta la noche sin cansarse y sin dejar que su mente divague. Debe pulir su mente y su voluntad, y afilar las dos visiones: la que consiste en «mirar» y la que consiste en «ver». Debe saber que el verdadero espacio vacío es donde las nubes de la incertidumbre se han disipado por completo.

Mientras seas ignorante del verdadero Camino, incluso si crees que estás en un Camino seguro y que estás haciendo lo correcto de acuerdo con las leyes budistas o las leyes de este mundo, tu mente estará desviada, porque te sobreestimas a ti mismo y ves de manera distorsionada. Entenderás a qué me refiero cuando veas las cosas con el Camino Directo de la mente y tengas en cuenta el gran código de este mundo.

Conoce este estado de ánimo y toma como fundamental lo que es recto, concibe el Camino con una mente sincera y sin prejuicios, practica la estrategia ampliamente, piensa a gran escala con precisión y claridad, considera el vacío como el Camino y ve el Camino como el vacío.

En el vacío, lo bueno existe y lo malo no existe. El conocimiento existe, el principio existe, el camino existe, y la mente está vacía.

Duodécimo día del quinto mes, en el año 2 de Shōhō [1645]
Shinmen Musashi Genshin
Para el honorable señor Terao Magonojō

Quinto día del segundo mes, en el año 7 de Kanbun [1667]
Terao Yumeyo Katsunobu
Para el honorable señor Yamamoto Gensuke

Bibliografía

Carrillo Moya, Antonio, trad. *El libro de los cinco anillos*. Madrid: Dojo Ediciones, 2010.

Bennett, Alexander, trad. *Obras completas de Miyamoto Musashi*. Traducido al español por Alexandre Casanovas. Barcelona:Alienta Editorial, 2021.

Harris, Victor, trad. *A book of five rings*. Nueva York: The Overlook Press, 1974.

Matsui, Kenji, ed. *Ketteihan Miyamoto Musashi Zenshō* [Obras completas de Miyamoto Musashi, edición definitiva]. Tokio: Yudachisha, 2003.

Okada, Kazuo y Katō Hiroshi. *Miyamoto Musashi no Subete* [Todo sobre Miyamoto Musashi]. Tokio: Shin-jinbutsu Oraisha, 1983.

Tokitsu, Kenji, trad. *The Complete Book of Five Rings*. Boston: Shambhala Publications, 2010.

Wilson, William Scott, trad. *The Book of Five Rings*. Tokio: Kodansha International, 2001.

Wilson, William Scott. *El samurái solitario. La vida de Miyamoto Musashi*. Traducido por Alejandro Pareja Rodríguez. Madrid: Arkano Books, 2007.

Yoshitoshi.
Miyamoto Musashi
contra Tsukahara
Bokuden, guerrero
lengendario que
fundó el estilo del
kenjutsu. Siglo XIX